当好出纳

就这几招

王婷婷 编著

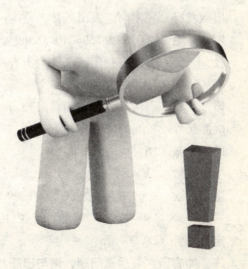

民主与建设出版社

图书在版编目（CIP）数据

当好出纳就这几招/王婷婷编著. 一北京：民主与建设
出版社，2009.5
ISBN 978 - 7 - 80112 - 911 - 6

Ⅰ. 当… Ⅱ. 王… Ⅲ. 现金出纳管理 - 基本知识 Ⅳ. F23

中国版本图书馆 CIP 数据核字（2009）第 047460 号

责任编辑　闫　建
封面设计　杜　帅
出版发行　民主与建设出版社
电　　话　（010）85698040　85698062
社　　址　北京市朝阳区朝外大街吉祥里 208 号
邮　　编　100020
印　　刷　香河县宏润印刷有限公司
成品尺寸　170mm×230mm
印　　张　16
字　　数　230 千字
版　　次　2009 年 6 月第 1 版　2009 年 6 月第 1 次印刷
书　　号　ISBN 978 - 7 - 80112 - 911 - 6/F・384
定　　价　28.00 元
注：如有印、装质量问题，请与出版社联系。

前 言

　　出纳工作是整个会计核算工作的基础和重要组成部分，也是会计监督的重要关卡。出纳员担负着现金、票据和有价证券的保管职责，同时办理各种款项的收付和银行结算业务。他的工作的质量和效率，直接关系到整个单位会计核算的质量和效率。初当出纳如何才能在这一工作中如鱼得水呢？我们编写了《当好出纳就这几招》一书，将为出纳人员提供很好的帮助！

　　本书系统地介绍了出纳工作的基本理论与核算实务、出纳实务、查账以及税务知识等内容，涵盖了一名合格的出纳工作者所应具备的出纳方面的基础知识。其内容简明、通俗易懂、循序渐进，注重理论与实务的结合，不仅适用于刚刚走上工作岗位的新人，也适用于所有对出纳工作感兴趣的人士。翻开这本书，相信即使是初次接触出纳工作的你也能在具体操作过程中得心应手，不再对出纳工作感到陌生。

　　全书突出边学与边用的特点，在每章内容中都穿插了你最想了解的实用的小技巧，在学习的过程中教会你如何运用所掌握的知识。共设十章内容：

第 1 招　巧练会计技能

第 2 招　巧练出纳基本功

第 3 招　凭证处理不出错

第 4 招　账簿处理不出错

第 5 招　现金及有价证券管理秘诀

第 6 招　银行存款管理秘诀

第 7 招　外汇管理秘诀

第 8 招　查账与调账

第 9 招　善始善终，做好交接

第 10 招　税务常识要牢记

第11招　巧学会计电算化

各章内容环环相扣、相辅相成，贯穿出纳工作的全过程。读者可以根据自身的实际情况来完成对本书的学习，也可以把本书看做是一本工具书，随时遇到问题，随时查找，轻松方便。

本书在编写过程中，参考了大量的财务书籍和相关法规，在此，对这些书的作者、法规的制定者和为本书的出版给予帮助和支持的朋友们表示衷心地感谢。鉴于编者水平有限，书中难免有纰漏和不成熟之处，恳请专家、读者批评指正。

编　者

目录 Contents

第 1 招

巧练会计技能

出纳和会计应如何分工 / 3
会计核算的基本前提 / 5
会计核算的六大要素 / 11
会计科目与会计账户 / 14
借贷记账法 / 20
复式记账法及原理 / 27

第 2 招

巧练出纳基本功

出纳应掌握的书写技巧 / 31
如何快速正确地点钞 / 33
人民币如何鉴别 / 36
如何正确使用保险柜 / 42

第 3 招

凭证处理不出错

正确认识会计凭证 / 47
原始凭证的填制与审核 / 47
记账凭证的填制与审核 / 49
会计凭证的保管 / 56

第4招

账簿处理不出错

如何启用账簿／61

如何设置账簿／63

如何登记账簿／65

如何保管及更换账簿／69

出纳报告／71

第5招

现金及有价证券管理秘诀

现金管理的内部控制／77

现金的提取与送存／79

如何管理现金／84

如何管理有价证券／92

现金收付款凭证的复核／94

第6招

银行存款管理秘诀

银行存款内部控制制度／101

银行账户管理／104

支票结算／111

本票结算／121

银行汇票结算／125

商业汇票结算／135

汇兑结算／141

委托收款结算／145

托收承付结算／148

信用卡结算／150

第 7 招
外汇管理秘诀

外汇管理／155
外币业务核算／169
主要外币业务的处理／173

第 8 招
查账与调账

账簿处理中的常见错误／177
错款和失款是一回事吗／180
现金的清查／181
银行存款的清查／183
错账的查找／185
错账的更正方法／189

第 9 招
善始善终，做好交接

出纳工作交接手续有哪些／195
出纳工作交接表／197
出纳工作交接的内容有哪些／201

第 10 招
税务常识要牢记

国税与地税的区分／205
税务登记和税务申报／206
如何缴纳税款／216
纳税争议／226

税务代理 / 228

纳税担保 / 229

如何合理避税 / 230

第 11 招
巧学会计电算化

Excel 表格操作解密 / 235

利用 Excel 快速录入小数 / 239

利用 Excel 制作工资计算表 / 240

增值税专用发票的填写 / 241

正确修改财务系统中的错误凭证 / 244

参考书目 / 247

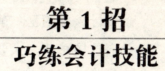

第 1 招
巧练会计技能

本章主要内容

☆ 出纳和会计应如何分工

☆ 会计核算的基本前提

☆ 会计核算的六大要素

☆ 会计科目与会计账户

☆ 借贷记账法

☆ 复式记账法及原理

出纳和会计应如何分工

出纳工作和会计是密不可分的，对于初次接触出纳的人来说，首先必须接受会计的基本理论，这样对今后的出纳工作是有很大帮助的。在这里，我们首先以企业为例来阐明有关会计的基本理论。

人类的实践活动都有一定的目的，会计工作也不例外。会计工作的目的，简称会计目的，它是指在一定历史条件下，人们通过会计实践活动所期望达到的结果。在会计实践中，会计目的决定了会计工作的具体程序与方法；在会计理论研究中，会计目的常常被当作会计理论的逻辑起点。因此，做好出纳工作，首先要了解会计目的。

会计目的受客观条件的影响与制约。在不同的时空范围内，会计目的也往往不一样。对于现代企业来说，会计工作是一项重要的管理工作，它必然要为实现企业的经营目标服务。因此，可以认为，实现企业的经营目标是企业会计的根本目的。

明确了会计的目的后，为达到这个目的，会计必须采用一定的方式，借助一系列会计特有的方式把信息传递给使用者，这就有了会计账簿。从会计分管的账簿来看，会计可分为总账会计、明细账会计和出纳。三者既相区别又有联系，是分工与协作的关系：

（1）总账会计、明细账会计和出纳各有各的分工。总账会计负责企业经济业务的总括核算，为企业经济管理和经营决策提供全面的核算资料；明细分类账会计分管企业的明细账，为企业经济管理和经营决策提供明细分类核算资料；出纳则分管企业票据、货币资金以及有价证券等的收付、保管、核算工作，为企业经济管理和经营决策提供各种金融信息。

总体上讲，必须实行钱账分管。

（2）总账会计、明细账会计和出纳之间又有着密切的联系，既互相依赖又互相牵制。出纳、明细分类账会计、总账会计之间，有着很强的依赖性。它们核算的依据是相同的，都是会计原始凭证和会计记账凭证。这些作为记账凭据的会计凭证必须在出纳、明细账会计、总账会计之间按照一定的顺序进行传递；它们相互利用对方的核算资料；它们共同完成会计任务，不可或缺。同时，它们之间又互相牵制与控制。出纳的现金和银行存款日记账与总账会计的现金和银行存款总分类账，总分类账与其所属的明细分类账，明细账中的有价证券账与出纳账中相应的有价证券账，在金额上是等量关系。这样，出纳、明细账会计、总账会计三者之间就构成了相互牵制与控制的关系，三者之间必须相互核对保持一致。

（3）出纳与明细账会计的区别只是相对的，出纳核算也是一种特殊的明细核算。分别按照现金和银行存款设置日记账，银行存款还要按照存入的不同户头分别设置日记账，逐笔序时地进行明细核算。"现金日记账"要每天结出余额，并与库存数进行核对；"银行存款日记账"也要在月内多次结出余额，与开户银行进行核对。月末都必须按规定进行结账。月内还要多次出具报告单，报告核算结果，并与现金和银行存款总分类账进行核对。

（4）出纳工作是一种账实兼管的工作。出纳工作，主要是对现金、银行存款和各种有价证券的收支与结存核算，以及现金、有价证券的保管和银行存款账户的管理工作。现金和有价证券放在出纳的保险柜中保管；银行存款，由出纳办理收支结算手续。既要进行出纳账务处理，又要进行现金、有价证券等实物的管理和银行存款收付业务。在这一点上和其他财会工作有着显著的区别。除了出纳，其他财会人员是只管账不管钱和物的。

对出纳工作的这种分工，并不违背财务"钱账分管"的原则。由于出纳账是一种特殊的明细账，总账会计还要设置"库存现金"、"银行存款"、"长期投资"、"交易性金融资产"等相应的总分类账对出纳保管和核算的现金、银行存款、有价证券等进行总金额的控制。其中，有价证券还应有出纳核算以外的其他形式的明细分类核算。

（5）出纳工作直接参与经济活动过程。货物的购销必须经过两个过程：货物移交和货款的结算。其中货款结算，即货物价款的收入与支付就必须通过出纳工作来完成；往来款项的收付、各种有价证券的经营以及其他金融业务的办理，更是离不开出纳人员的参与。这也是出纳工作的一个显著特点，其他财务工作，一般不直接参与经济活动过程，而只是对其进行反映和监督。

【边学边问】出纳的基本工作包括哪些内容？

解析：出纳的基本工作包括四个内容：一是办理各项货币资金、有价证券收支的业务；二是在办理各项货币资金、有价证券收付业务的同时，填制相关凭证，如证明收付业务发生的收据、发票、支票等原始凭证；三是根据已经办理完毕的收付款凭证，逐日逐笔登记现金和银行存款日记款；四是妥善保管库存现金、有价证券、空白票据及有关印章。

会计核算的基本前提

1. 会计核算的基本假设或前提

组织会计核算工作，需要具备一定的前提条件，即在组织核算工作之前，首先要解决与确立核算主体有关的一系列重要问题。这是全部会计工作的基础，具有非常重要的作用。国内外会计界多数人公认的会计核算基本前提有以下四个。

（1）会计主体。会计主体指的是会计核算服务的对象或者说是会计人员进行核算采取的立场及空间活动范围的界定。组织核算工作首先应明确为谁核算的问题，这是因为会计的各种要素，例如，资产、负债、收入、费用等，都是同特定的经济实体，即会计主体相联系的，一切核算工作都是站在特定会计主体立场上进行的。如果主体不明确，资产和负债就难以界定，收入和费用便无法衡量，以划清经济责任为准绳而建立的各种会计核算方法的应用便无从谈起。因此，在会计核算中必须将该主体所有者的财务活动、其他经济实体的财务活动与该主体自身的财务活动严格区分开，会计核算的对象是该主体自身的财务活动。

这里应该指出的是，会计主体与经济上的法人不是一个概念。作为一个法人，其经济上必然是独立的，因而法人一般应该是会计主体，但是构成会计主体的并不一定都是法人。比如，从法律上看，独资及合伙企业所有的财产和债务，在法律上应视为所有者个人财产延伸的一部分，独资及合伙企业在业务上的种种行为仍视其为个人行为，企业的利益与行为和个人的利益与行为是一致的，独资与合伙企业都因此而不具备法人资格。但是，独资、合伙企业都是经济实体、会计主体，在会计处理上都要把企业的财务活动与所有者个人的财务活动截然分开。例如，企业在经营中得到的收入不应记为其所有者的收入，发生的支出和损失，也不应记为其所有者的支出和损失，只有按照规定的账务处理程序转到所有者名下，才能算其收益或损失。

（2）持续经营。持续经营是指在可以预见的将来，企业将会按当前的规模和状态继续经营下去，不会停业，也不会大规模削减业务。

企业是否持续经营对于会计政策的选择，影响很大，只有设定企业是持续经营的，才能进行下一步的会计处理。比如，采用历史成本计价，是设定企业在正常的情况下运用它所拥有的各种经济资源和依照原来的偿还条件偿付其所负担的各种债务，否则，就不能继续采用历史成本计价，只能采用可变现净值法进行计价。由于持续经营是根据企业发展的一般情况所作的设定，企业在生产经营过程中缩减经营规模乃至停业的可能性总是存在的。为此，往往要求定期对企业持续经营这一前提作出分析和判断。一旦判定企业不符合持续经营前提，就应当改变会计核算的方法。

（3）会计分期。会计分期是指将一个企业持续经营的生产经营活动划分成连续、相等的期间，又称会计期间。

会计分期的目的是，将持续经营的生产活动划分为连续、相等的期间，据以结算盈亏，按期编报财务报告，从而及时地向各方面提供有关企业财务状况、经营成果和现金流量信息。

根据持续经营前提，一个企业将要按当前的规模和状况继续经营下去。要最终确定企业的经营成果，只能等到一个企业在若干年后歇业的时候核算一次盈亏。但是，经营活动和财务经营决策要求及时得到有关信息，不能等到歇业时一次性地核算盈亏。为此，就要将持续不断的经营活动划分成一个个相等的期间，分期核算和反映。会计分期对会计原则和会计政策的选择有着重要影响。由于会计分期，产生了当期与其他期间的差别，从而出现权责发生制和收付实现制的区别，进而出现了应收、应付、递延这样的会计方法。

最常见的会计期间是一年，以一年确定的会计期间称为会计年度，按年度编制的财务会计报表也称为年报。在我国，会计年度自公历每年的1月1日至

12 月 31 日止。为满足人们对会计信息的需要，也要求企业按短于一年的期间编制财务报告，如要求股份有限公司每半年提供中期报告。

（4）货币计量。货币计量是指采用货币作为计量单位，记录和反映企业的生产经营活动。会计是对企业财务状况和经营成果全面系统的反映，为此，需要货币这样一个统一的量度。在市场经济条件下，货币充当了一般等价物，企业的经济活动都最终体现为货币量，所以采用货币这个统一尺度进行会计核算。当然，统一采用货币尺度，也有不利之处，许多影响企业财务状况和经营成果的一些因素，并不是都能用货币来计量的，比如，企业经营战略，在消费者当中的信誉度，企业的地理位置，企业的技术开发能力等。为了弥补货币量度的局限性，要求企业采用一些非货币指标作为会计报表的补充。

在我国，要求采用人民币作为记账本位币，是对货币计量这一会计前提的具体化。考虑到一些企业的经营活动更多地涉及外币，因此规定业务收支以人民币以外的货币为主的单位，可以选定其中一种货币作为记账本位币。但是，提供给境内的财务会计报告使用者的应当折算为人民币。

2. 会计信息质量要求

1992 年 11 月财政部发布的《企业会计准则——基本准则》中，规定了会计核算的 12 项一般原则，它是会计核算必须遵循的基本规则和要求。2007 年新发布的《企业会计准则——基本准则》中，将原有的"一般原则"改称"会计信息质量要求"，共规定了 8 项原则：客观性原则、相关性原则、明晰性原则、可比性原则、实质重于形式原则、重要性原则、谨慎性原则和及时性原则。它们同样是会计核算必须遵循的，对保证会计信息质量意义重大。

（1）客观性原则。企业应当以实际发生的交易或者事项为依据进行会计确认、计量和报告，如实反映符合确认和计量要求的各项会计要素及其他相关信息，保证会计信息真实可靠、内容完整。会计必须根据审核无误的原始凭证，采用特定的专门方法进行记账、算账、报账，保证会计核算的客观性。

客观性原则是对会计工作的基本要求。会计工作提供信息的目的是为了满足会计信息使用者的决策需要，因此，就应该做到内容真实、数字准确、资料可靠。在会计核算中坚持客观性原则，就应当在会计核算时客观地反映企业的财务状况、经营成果和现金流量，保证会计信息的真实性；会计工作应当正确运用会计原则和方法，准确反映企业的实际情况；会计信息应当能够经受验证，以核实其是否真实。

如果企业的会计核算工作不是以实际发生的交易或事项为依据，没有如实地反映企业的财务状况、经营成果、现金流量，会计工作就失去了存在的意义，甚至会误导会计信息使用者，导致决策的失误。

（2）相关性原则。企业提供的会计信息应当与财务会计报告使用者的经济决策需要相关，有助于财务会计报告使用者对企业过去、现在或者未来的情况作出评价或者预测。会计的主要目标就是向有关各方提供对其决策有用的信息。

信息的价值在于其与决策相关，有助于决策。相关的会计信息能够有助于会计信息使用者评价过去的决策，证实或修正某些预测，从而具有反馈价值；有助于会计信息使用者做出预测，做出决策，从而具有预测价值。在会计核算工作中坚持相关性原则，就要求在收集、加工、处理和提供会计信息过程中，充分考虑会计信息使用者的信息需求。对于特定用途的会计信息，不一定都能通过财务会计报告来提供，也可以采用其他形式加以提供。如果会计信息提供以后，没有满足会计信息使用者的需求，对决策没有什么作用，就不具有相关性。

（3）明晰性原则。企业提供的会计信息应当清晰明了，便于财务会计报告使用者理解和使用。在会计核算工作中根据明晰性的原则要求，会计记录应当准确、清晰，填制会计凭证、登记会计账簿必须做到依据合法、账户对应关系清楚、文字摘要完整；在编制会计报表时，项目勾稽关系清楚、项目完整、数字准确。如果企业的会计核算和编制的财务会计报告不能做到清晰明了、便于理解和使用，就不符合明晰性原则的要求，不能满足会计信息使用者的决策需求。

（4）可比性原则。企业提供的会计信息应当具有可比性。同一企业不同时期发生的相同或者相似的交易或者事项，应当采用一致的会计政策，不得随意变更。确需变更的，应当在附注中说明。不同企业发生的相同或者相似的交易或者事项，应当采用规定的会计政策，确保会计信息口径一致、相互可比。

可比性原则要求企业的会计核算应当按照国家统一的会计制度的规定进行，使所有企业的会计核算都建立在相互可比的基础上。只要是相同的交易或事项，就应当采用相同的会计处理方法。会计处理方法的统一是保证会计信息相互可比的基础。不同的企业可能处于不同行业、不同地区，经济业务发生于不同时点，为了保证会计信息能够满足决策的需要，便于比较不同企业的财务状况、经营成果和现金流量，企业应当遵循可比性原则的要求。

（5）实质重于形式原则。企业应当按照交易或者事项的经济实质进行会计确认、计量和报告，不应仅以交易或者事项的法律形式为依据。在某些情况下，经济业务的实质与其法律形式可能脱节，为此，会计人员应当根据经济业务的实质来选择会计政策，而不能拘泥于其法律形式。

在实际工作中，交易或事项的外在法律形式或人为形式并不总能完全反映其实质内容。所以，会计信息要想反映其所拟反映的交易或事项，就必须根据交易或事项的实质和经济现实，而不能仅仅根据它们的法律形式进行核算和反映。例如，以融资租赁方式租入的资产，虽然从法律形式来讲承租企业并不拥有其所有权，但是由于租赁合同中规定的租赁期相当长，接近于该资产的使用寿命；租赁期结束时承租企业有优先购买该资产的选择权；在租赁期内承租企业有权支配资产并从中受益，所以，从其经济实质来看，企业能够控制其创造的未来经济利益，所以，会计核算上将以融资租赁方式租入的资产视为承租企业的资产。

（6）重要性原则。企业提供的会计信息应当反映与企业财务状况、经营成果和现金流量等有关的所有重要交易或者事项。对于重要的交易或事项，应当单独、详细反映；对于不具重要性、不会导致投资者等有关各方面决策失误或误解的交易或事项，可以合并、粗略反映，以节省提供会计信息的成本。

对资产、负债、损益等有较大影响，并进而影响财务会计报告使用者据以做出合理判断的重要会计事项，必须按照规定的会计方法和程序进行处理，并在财务会计报告中予以充分、准确地披露；对于次要的会计事项，在不影响会计信息真实性和不至于误导财务会计报告使用者做出正确判断的前提下，可以适当简化处理。

重要性原则与会计信息成本效益直接相关。坚持重要性原则，就能够使提供会计信息的收益大于成本。对于那些不重要的项目，如果也采用严格的会计程序，分别核算、分项反映，就会导致会计信息的成本大于收益。

在评价某些项目的重要性时，很大程度上取决于会计人员的职业判断。一般来说，应当从质和量两个方面综合进行分析。从性质方面来说，当某一项事项有可能对决策产生一定影响时，就属于重要性项目；从数量方面来说，当某一项目的数量达到一定规模时，就可能对决策产生影响。

（7）谨慎性原则。企业对交易或者事项进行会计确认、计量和报告应当保持应有的谨慎，不应高估资产或者收益、低估负债或者费用。也就是说在资产计价及损益确定时，如果有两种或两种以上的方法或金额可供选择时，应选择使本期净资产和利润较低的方法或金额。

需要注意的是，谨慎性原则并不意味着企业可以任意设置各种准备金，否则，就属于滥用谨慎性原则，将视为重大会计差错，需要进行相应的会计处理。

企业的经营活动充满着风险和不确定性，在会计核算工作中坚持谨慎性原则，要求企业在面临不确定因素的情况下做出职业判断时，应当保持必要的谨慎，充分估计到各种风险和损失，既不高估资产或收益，也不低估负债或费用。例如，要求企业定期或者每年年度终了，对可能发生的各项资产损失计提减值准备等，就充分体现了谨慎性原则对会计信息的修正。

（8）及时性原则。企业对于已经发生的交易或者事项，应当及时进行会计确认、计量和报告，不得提前或者延后。

会计信息的价值在于帮助所有者或其他方面做出经营决策，具有时效性。即使是客观、可比、相关的会计信息，如果不及时提供，对于会计信息使用者也没有任何意义，甚至可能误导会计信息使用者。在会计核算过程中坚持及时性原则，一是要求及时收集会计信息，即在经济业务发生后，及时收集整理各种原始单据；二是及时处理会计信息，即在国家统一的会计制度规定的时限内，及时编制出财务会计报告；三是及时传递会计信息，即在国家统一的会计制度规定的时限内，及时将编制出的财务会计报告传递给财务会计报告使用者。

如果企业的会计核算不能及时进行，会计信息不能及时提供，就无助于经营决策，就不符合及时性原则的要求。

3. 会计法律法规

我国企业会计核算的法律法规体系是以《中华人民共和国会计法》（以下简称《会计法》）为主法，包括企业会计准则，企业财务通则和企业会计制度等法规的有机体系。出纳人员应当掌握有关的法律法规，以利于开展核算工作。

（1）《会计法》。《会计法》是出纳工作的指导性法律，出纳人员必须以《会计法》为依据，熟悉会计工作的内容、工作管理权限、进行会计核算和实施会计监督等法律规定；明确从事出纳工作的法律责任；了解国家对会计工作的基本要求。例如，《会计法》规定，各单位领导人、会计机构、会计人员和其他人员执行《会计法》，保证会计资料合法、真实、准确、完整，保证会计人员的职权不受侵犯，不得对会计人员打击报复。出纳人员必须按《会计法》的要求，知法守法，保证出纳工作的合法性。

（2）企业会计准则。会计准则又称为会计标准，是会计核算工作的基本规范，它就会计核算的原则和会计处理方法及程序作出规定，为会计制度的制定提供依据。我国企业会计准则分为基本会计准则和具体会计准则，出纳人员应当严格按照准则的要求处理各项经济业务。

会计核算的六大要素

会计要素是为实现会计目标，以会计基本前提为基础，对会计对象的基本分类。从出纳的角度来说，其核算的对象是企事业单位的资金运动状况，核算实质是反映资金的来龙去脉和占用情况。为此，要表明资金状况的具体内容，便于决策者理解和利用出纳信息，就必须对会计要素进行划分和审议。

1. 会计核算的基本要素

会计核算要素是确定会计科目、设置会计账户的依据，表明了会计核算内容和构成会计报表的框架。我国《企业会计准则》分别列示了资产、负债、所有者权益、收入、费用和利润六个会计要素。这六个会计要素又可以划分为两大类，即反映财务状况的会计要素和反映经营成果的会计要素。反映财务的会计要素包括资产、负债和所有者权益；反映经营成果的会计要素包括收入、费用和利润。

（1）资产。资产是指各单位拥有或控制的能以货币计量的经济资源，该资源预期会给本单位带来经济利益。包括各种财产、债权和其他权利。以企业固定资产中的厂房为例，它具有如下特点：是由过去的投资或其他事项形成的；企业对其拥有房屋所有权和土地使用权，有权对厂房进行处置或使用；通过账簿记录或资产评估可以确定其价值；该厂房能够为企业的生产经营带来经济效益。

在会计核算时，为更好地反映企业的财务状况，准确评价资产的流动性，通常把资产分为流动资产和非流动资产两类：

①流动资产。流动资产是指能在一年或者超过一年的一个营业周期内变现或耗用的资产，包括现金、各种存款、应收及预付款、存货等。

②非流动资产。非流动资产是指不符合流动资产定义的资产，通常包括长期股权投资、固定资产、在建工程、无形资产、递延资产和其他财产。

（2）负债。负债是由过去的交易、事项形成的能以货币计量的现时债务，需要单位以资产或劳务偿付，表现为债权人对单位资产所拥有的权益。在会计核算中，以下情况不能确认为负债：

①企业预期在将来要发生的交易或事项可能产生的债务，不能作为会计上的负债处理。如企业与供货单位签订的供货合同，对此企业不能将其作为一项负债。

②企业能够回避的义务，不能作为会计上的负债处理。如企业承担的一般保证责任。

③负债金额不能用货币确切计量的。

（3）所有者权益。所有者权益是投资人对企业净资产的所有权，包括企业投资者对企业的投入资本以及形成的资本公积金、盈余公积金和未分配利润等。所有者权益表明企业的产权关系，即企业归谁所有。按照所有者权益的稳定程度，可分为：

①投入资本。指企业收到的投资者投入企业的资本金。

②资本公积。指企业因资本引起的积累，包括接受捐赠，股票发行溢价、法定财产重估增值等。

③盈余公积。指企业按照国家法律规定从税后利润中提取的公积金，包括法定盈余公积金和任意盈余公积金。

④未分配利润。是指企业尚未分配的税后利润，包括上年度累积节余的未分配利润和从本年利润中扣除各种分配以后的结余。

（4）收入。收入是企业在销售商品、提供劳务及让渡资产使用权等日常活动中所形成的经济利益的总流入。这种总流入表现为企业资产的增加或债务的清偿，包括主营业务收入、其他业务收入和投资净收益等。主营业务收入是企业的主营营业活动所取得的收入，如工业企业的产品销售收入，商业企业的商品销售收入，施工企业的建筑安装收入等。其他业务收入是指除基本业务活动以外的其他业务和活动所取得的收入。

（5）费用。费用是指企业销售商品、提供劳务等日常活动中所发生的各种耗费。企业要进行生产经营活动取得收入必须相应地发生一定的费用，如工业企业在生产过程中要耗费原材料、燃料和动力；要发生机器设备的折旧费用和修理费用；要支付职工的工资和其他各项生产费用。费用中能予以对象化，确定具体费用对象的，即制造成本，如制造一件产品的直接材料费；费用中不能予以对象化的，就是期间费用，如企业管理人员的工资。

（6）利润。利润是指企业在一定会计期间的经营成果，是反映经营成果的最终要素，包括营业利润、利润总额和净利润，当收入大于费用，其差额为利润，费用大于收入的差额则为亏损。

①营业利润。指企业在销售商品、提供劳务等日常活动中所产生的利润，为营业收入减去营业成本和营业税金及附加，减去销售费用、管理费用和财务费用，加上公允价值变动收益和投资收益后的余额。

②营业外收支净额。指与企业生产经营活动无直接关系的各种营业外收入减去营业外支出后的余额。

2. 会计等式

会计等式是表明各会计要素之间基本关系的恒等式，又称会计平衡公式。

（1）资产 = 负债 + 所有者权益。这一公式从数量上来说，表明企业的资金来源必然等于资金占用，企业经济活动的发生，只是表现在数量上影响企业资产总额与负债和所有者权益总额的同时增减变化，并不能也不会破坏这一基本的恒等关系。例如，企业向银行贷款，从资产方面而言增加了银行存款数量，从负债方面同时增加了短期（或长期）借款的金额，等式两边金额同时等额增加。

这一会计等式，是会计复式记账、会计核算和会计报表的基础。在这一会计等式的基础上，才能运用复式记账法，记录某一会计主体资金运动的来龙去脉，反映企业在特定时点所拥有的资产、所承担的负债及所有者的权益情况。

（2）收入－费用＝利润。这一会计等式反映了企业在一定会计期间内的赢利水平。在进行核算时，由于收入不包括与企业正常生产经营活动无关的处置固定资产净收入、补贴收入等，费用也不包括处置固定资产净损失、自然灾害损失、投资损失等，所以，收入减去费用并经过调整后，才等于利润。

这一公式以动态指标描述企业在一定期间的经营成果，是编制损益表的基础。

（3）资产＝负债＋所有者权益＋（收入－费用）。该公式中所有者权益项目不包括未分配利润，表明了企业的财务状况与经营成果之间的联系情况。即企业实现利润，将使企业资产存量增加或负债减少；反之企业如果亏损，将使企业资产存量减少或负债增加。这一公式是对六个会计要素试算平衡的基础，揭示了企业资产负债表与损益表的内在联系。

会计科目与会计账户

在日常经济活动中，企业所进行的经济活动复杂多变，各不相同。尽管会计要素已经对会计核算对象进行了初步的具体化，但是几个简单的会计要素仍不能满足会计核算的需要，不能满足人们对会计信息多样化的需要。因此，还需要在会计要素的基础上作进一步的分类，即对会计的六大要素进一步分类，也就是要设置会计科目。

1. 会计科目

会计科目指的是按照经济内容对各个会计要素进行分类所形成的项目。每一个项目都规定一个名称，每一个会计科目都明确地反映一定的经济内容，不同的会计科目，反映会计事项不同的特点。例如，工业企业的厂房、机器设备、运输车辆等劳动资料，其实物形态是固定不变的，将在很长时间内为企业所使用，则将其归为一类，设置"固定资产"科目；而库存的各种原料、辅助材料、燃料是企业生产的劳动对象，通过生产改变了它们原有的实物形态、性能、用途等，因而将它们归为一类，设置"原材料"科目。

通过设置会计科目，能够使企业各不相同的经济业务，按照既定的标准进行科学的分类，将各自独立的经济事项转化为规范的具有可比性的经济信息。例如，家具厂有库存木头1 000立方米，单价500元；汽车厂有库存某电子元器件3 000个，每个单价300元。木头与电子元器件之间无任何的可比性，但是对于各自的企业而言，它们都属于企业生产经营的主要材料，可以分别归入"原材料"科目。通过计算可以知道家具厂有库存材料500 000元，而电子厂有库存材料900 000元，这两个会计信息是可以比较的。

可见，设置会计科目使得编制会计凭证和登记账簿记录都有了依据，使得编制统一的会计报表有了基础，使得会计信息使用人在不全面了解各行业特征的情况下，可以通过会计报表掌握和分析企业的财务状况和经营成果。

具体会计科目的设置，一般是从会计要素出发，按反映的经济内容不同，将其分为资产类、负债类、所有者权益类、成本类和损益类五大类。参照我国2006年《企业会计准则》规定的会计科目见表1-1：

表1-1　　　　　　　　　会计科目表

顺序号	名　称	顺序号	名　称
	一、资产类	44	应付票据
1	库存现金	45	应付账款
2	银行存款	46	预收账款
3	其他货币资金	47	应付职工薪酬
4	交易性金融资产	48	应交税费
5	应收票据	49	应付股利
6	应收账款	50	应付利息
7	预付账款	51	其他应付款
8	应收股利	52	预计负债
9	应收利息	53	递延收益
10	其他应收款	54	长期借款
11	坏账准备	55	长期债券
12	材料采购	56	长期应付款
13	在途物资	57	未确认融资费用

顺序号	名 称	顺序号	名 称
14	原材料	58	专项应付款
15	材料成本差异	59	递延所得税负债
16	库存商品		三、所有者权益类
17	发出商品	60	实收资本
18	商品进销差价	61	资本公积
19	委托加工物资	62	盈余公积
20	周转材料	63	本年利润
21	存货跌价准备	64	利润分配
22	持有至到期投资	65	库存股
23	持有至到期投资减值准备		四、成本类
24	可供出售金融资产	66	生产成本
25	长期股权投资	67	制造费用
26	长期股权投资减值准备	68	劳务成本
27	长期应收款	69	研发支出
28	未实现融资收益		五、损益类
29	固定资产	70	主营业务收入
30	累计折旧	71	其他业务收入
31	固定资产减值准备	72	公允价值变动损益
32	在建工程	73	投资收益
33	工程物资	74	营业外收入
34	固定资产清理	75	主营业务成本
35	无形资产	76	其他业务成本
36	累计摊销	77	营业税金及附加
37	无形资产减值准备	78	销售费用
38	商誉	79	管理费用
39	长期待摊费用	80	财务费用
40	递延所得税资产	81	勘探费用
41	待处理财产损溢	82	资产减值损失
	二、负债类	83	营业外支出
42	短期借款	84	所得税费用
43	交易性金融负债	85	以前年度损益调整

在实际会计处理过程中,对于某些会计科目还需进一步了解其详细信息,

如原材料，必须知道它的种类、数量、单价、金额等信息。这就需要在原有科目下再根据用途和需要具体设置细目，这就有了总分类科目和明细分类科目的区分。

总分类科目；也称"总账科目"或"一级科目"，是对会计要素进行总括分类的类别名称。它是总括地反映会计要素核算内容的科目。会计科目表中的会计科目均为总分类科目。如："固定资产"、"应收账款"、"原材料"、"实收资本"、"应付账款"等。

明细分类科目，也称"明细科目"，是对总分类账户的进一步划分，是详细反映会计要素具体核算内容的科目。如可以在"应付账款"总分类科目下按具体单位分设明细科目，具体反映应付哪个单位的货款。

基于管理的需要，在有的总分类科目下所需要设置的明细分类科目太多时，还可以在总分类科目与明细分类科目之间增设二级科目。二级科目也是明细分类科目。如此一来，会计科目就可以分为一级科目（总分类科目）、二级科目（明细分类科目）、三级科目（明细分类科目）三个层次。

总分类科目与明细分类科目的内在关系见表1-2：

表1-2　　　　　　　　　　总分类科目与明细分类科目

总分类科目（一级科目）	明细分类科目	
	二级科目	三级科目
生产成本	第一车间	甲产品
		乙产品
	第二车间	甲产品
		乙产品

当然，也不是所有的总分类科目都要设置明细分类科目，主要是根据管理的需要和经济业务的类型而决定的。

按我国现行会计制度规定，总分类科目一般由财政部制定，明细分类科目除会计制度规定设置的以外，企业则可以根据需要自行确定。但是，企业所自行设置的会计科目名称要力求简明确切，每一科目原则下只反映一类经济内容，各科目之间应界限分明，以保证会计核算指标口径的一致。

2. 账户

会计科目只是对会计对象的具体内容（即会计要素）进行的分类，但它不能反映经济业务发生后引起的会计要素的增减变动情况及其结果。要对经济业务产生的原始资料加工成有用的会计信息，还需要根据会计科目以一定的结构（增加、减少、余额）来登记经济业务引起的会计要素增减变动及其结果，即设置账户。

会计科目与账户是两个既有区别又相互联系的概念。

账户是根据会计科目开设的，相同名称的会计科目与账户反映的经济内容相同；但会计科目只是账户的名称，它只能表明某类经济内容，而账户既有名称又有结构，可以记录和反映某类经济内容的增减变动及其结果。

在实际工作中，某些会计人员往往不加区别地把会计科目与账户作为同义语。

账户以会计科目命名，依附于账簿开设。这样，每个账户只表现为账簿中的某张或某些账页，它们一般应包括下列四部分内容：

①账户的名称（即会计科目）。

②记账日期和摘要（记录经济业务的日期和概括说明经济业务内容）。

③凭证号数（说明账户记录的依据和来源）。

④增加和减少的金额及余额。

企业的经济业务虽然复杂，但从数量变化来看，不外乎增加和减少两种情况。账户要用来记录经济业务、反映会计要素变化情况和结果，在结构下就应该有反映各会计要素的增加数和减少数两个部分。同时，还要反映各会计要素的增减变动结果，即期末余额。期末余额结转到下期，则转化为期初余额。因此，每个账户至少有四个金额要素，即期初余额、本期增加额、本期减少额和期末余额。

期初余额和期末余额是静态指标，它说明会计要素在某一时期增减变化的结果。本期增加额和本期减少额统称为本期发生额，它是一个动态指标，说明会计要素的增减变动情况。上述四项金额之间的关系为：

期末余额 = 期初余额 + 本期增加额 - 本期减少额

至于账户的具体格式则取决于所采用的记账方法。我国《企业会计准则》规定采用借贷记账法，其基本结构见表1-3：

表1-3 　　　　　　　　　　　账户名称（会计科目）

年		凭证号数	摘要	借方	贷方	借或贷	余额
月	日						

　　为了方便学习，通常将上述账户简化为"丁"字账或"T"字账，只保留左右方，其它略去，将余额写在下面。见表1-4：

表1-4 　　　　　　　　　　"T"字账的账户结构

借方 　　　　　　　　　　　　　　　　　　　　　　　　　　　　　贷方

本期发生额	本期发生额

3. 账户的分类

　　与会计科目相对应，账户按其所反映的经济内容的不同，可以分为资产类账户、负债类账户、所有者权益类账户、成本类账户和损益类账户等五大类账户，其中各大类又可以分为若干小类。

　　（1）资产类账户。资产类账户是用来反映企业各项资产的增减变动及其结存情况的账户。主要包括：

　　①流动资产账户。包括：库存现金、银行存款、交易性金融资产、应收账款、其他应收款、应收票据、原材料、库存商品等。

　　②长期投资账户。包括：长期股权投资、持有至到期投资等。

　　③固定资产账户。包括：固定资产、累计折旧、在建工程、固定资产清理等。

　　④无形及其他资产账户。其主要包括：无形资产、长期待摊费用、其他资

产等。

（2）负债类账户。负债类账户是用来反映企业负债的增减变动及其结存情况的账户。主要包括：

①流动负债账户。包括：短期借款、应付账款、应付票据、预收账款、其他应付款、应付职工薪酬、应交税费等。

②长期负债账户。包括：长期借款、长期债券、长期应付款。

（3）所有者权益类账户。所有者权益类账户是用来反映企业所有者权益的增减变动及其结存情况的账户。主要包括：

①所有者原始投资账户。主要包括：实收资本、资本公积等。

②所有者投资收益账户。主要包括：盈余公积、本年利润、利润分配等。

（4）成本类账户。成本类账户是用来核算企业的生产费用，计算产品成本的账户。主要包括：

①材料采购成本账户。主要有：材料采购等。

②生产成本账户。包括：生产成本、制造费用。

（5）损益类账户。损益类账户是指那些直接影响当期经营成果的账户。主要包括：

①收入收益类账户。主要包括：主营业务收入、其他业务收入、营业外收入、投资收益等。

②费用支出类账户。主要包括：主营业务成本、营业税金及附加、其他业务成本、销售费用、管理费用、财务费用、营业外支出等。

借贷记账法

出纳人员在了解了会计核算的原则和会计核算的要素后，应进一步掌握借贷记账法的运用，熟悉账务处理的程序。

1. 借贷记账法的原理

借贷记账法是以"借"、"贷"二字作为记账符号的一种复式记账方法。

"借"、"贷"二字最初是用来表示资本借贷活动中债权、债务的增减变化情况，金融家对于借进的款项，记在贷主名下，表示自身债务的增加，对于贷出的款项，记在借方名下，表示自身的债权，随着商品经济的发展，"借"、"贷"二字逐渐脱离了自身的含义，转化为纯粹的记账符号。我国《企业会计准则》中明确规定，中国境内所有的企业都应该采用借贷记账法记账。

（1）借贷记账法的账户结构。借贷记账法的账户基本结构是：每一个账户都分为"借方"和"贷方"，一般规定账户的左方为"借方"，账户的右方为"贷方"，与前述的账户结构类似。如果我们在账户的借方记录经济业务，称为"借记××账户"；在账户的贷方记录经济业务，则称为"贷记××账户"。

（2）借贷记账法的记账规则。借贷记账法的记账规则是："有借必有贷，借贷必相等"。

借贷记账法要求对每一项经济业务都要按借贷相反的方向，以相等的金额，在两个或两个以上相互联系的账户中进行登记。具体地说，如果在一个账户中记借方，必须同时在另一个或几个账户中记贷方；或者在一个账户中记贷方，必须同时在另一个或几个账户中记借方；计入借方的总额与计入贷方的总额必须相等。

在实际运用借贷记账法的记账规则去登记经济业务时，一般要按下列步骤进行：

①需要分析经济业务的内容，确定它所涉及到的会计要素是什么，是资产或者费用要素的变化，还是负债或所有者权益以及收入的变化。

②再进一步确定哪些要素增加，哪些要素减少，或都是增加，或都是减少，等等。

③再确定应该计入哪些账户。

④在上述分析基础上，再确定该项业务应计入相关账户的借方或贷方，以及各账户应记金额。凡是涉及到资产及费用成本的增加，负债及所有者权益的减少，收入的减少转销，都应该计入该类账户的借方；凡是涉及到资产及费用成本的减少转销，负债及所有者权益的增加，收入的增加，都应该计入该类账户的贷方。

⑤为了明确各账户的对应关系，清楚地反映经济业务的来龙去脉，一笔经济业务不宜同时多借多贷，而是尽可能地采用一借一贷、一借多贷或一贷多借

的形式反映。

（3）借贷记账法的试算平衡。根据借贷记账法的记账规则，每笔经济业务的借贷方发生额和余额都是相等的。因此，可以结合会计等式的平衡关系，通过对会计账户的汇总计算和借贷方金额的比较，来检查账户记录的完整性和准确性。

试算平衡可以按照下列公式计算：

①会计分录试算平衡公式：

借方科目金额 = 贷方科目金额

②发生额试算平衡公式：

全部账户本期借方发生额之和 = 全部账户本期贷方发生额之和

③余额试算平衡公式：

全部账户期末借方余额之和 = 全部账户期末贷方余额之和

每个会计期间结束时，在已经结出了各个账户的本期发生额和月末余额后，试算平衡一般是通过编制试算平衡表来完成的。其具体格式见表1－5：

表1－5　　　　　　　　　　　总账科目试算平衡表

　　　　　　　　　年　　月　　　　　　　　　　　　（单位：元）

账户名称	期初余额		本期发生额		期末余额	
（会计科目）	借方	贷方	借方	贷方	借方	贷方
合　计						

通过试算平衡，如果借贷方金额相等，则说明会计分录的借贷方向和账簿记录基本正确；如果发现借贷方不平衡，就可以肯定账户记录或计算有误，应及时找出错误并予以改正。

值得注意的是，即使进行试算平衡，并且借贷方金额相等，并不能完全排除记账工作毫无错误。由于试算平衡只是对会计账户从数量上进行平衡，以下记账错误从试算平衡中无法体现。

①经济业务错记了会计账户，如银行支出误记为现金支出，只能通过复查原始凭证或核对银行对账单才能检查出来。

②经济业务涉及的两个账户借贷方向相反。

③经济业务出现漏记和重记。

④经济业务的金额同时多记或少记。

2. 借贷记账法的应用

借贷记账法的"借"、"贷"方的记录在不同性质的账户中是不同的。现以会计要素分类的会计账户加以说明其应用方法。

（1）资产类账户。资产类账户的结构是：账户的借方反映资产的增加额，贷方反映资产的减少额。在一个会计期间内（年、月），借方记录的合计数称作借方发生额，贷方记录的合计数称作贷方发生额，在每一会计期间的期末将借贷方发生额相比较加上该账户的期初余额，其差额称作期末余额。资产类账户的期末余额一般在借方。如"库存现金"账户，借方记录的增加额加期初额要大于（至少等于）贷方记录的减少额，所以有借方余额（或无余额），借方期末余额转到下一期就成为借方期初余额。用公式可以表示如下：

资产类账户借方期末余额 = 借方期初余额 + 借方本期发生额 − 贷方本期发生额

采用丁字账来表示，见表1-6：

表1-6　　　　　　　　　　　　　　资产类账户

借方				贷方
	期初余额	××××		
	（1）增加额	××××	（2）减少额	××××
借方	本期发生额	××××	贷方　本期发生额	××××
	期末余额	××××		

【例1-1】 明华公司于5月8日从银行提取现金5 000元。这笔业务使得资产的两个会计账户一增一减，用借贷记账法来表示，则可编制会计分录为：

借：库存现金　　　　　　　　　　　　　　　　　　　5 000

　　贷：银行存款　　　　　　　　　　　　　　　　　　5 000

（2）负债及所有者权益类账户。因为会计公式"资产 = 负债 + 所有者权益"所决定，负债及所有者权益类账户的结构与资产类账户恰好相反，其贷方反映负债及所有者权益的增加额；借方反映负债及所有者权益的减少额，所以贷方发生额加期初余额要大于（或等于）借方发生额，期末余额一般在贷方。如"短期借款"账户，企业所欠银行款项时应记入贷方，偿还所欠的款项时应记入借方，期末银行余额在贷方，表示实际尚未偿还的借款数额。用公式表示如下：

负债及所有者权益账户贷方期末余额 = 贷方期初余额 + 贷方本期发生额 - 借方本期发生额

采用丁字账来表示，见表 1-7：

表 1-7   负债及所有者权益账户

借方		贷方	
		期初余额	××××
（1）减少额	××××	（2）增加额	××××
本期发生额	××××	本期发生额	××××
		期末余额	××××

【例 1-2】明华公司于 1 月 9 日向银行借款 300 000 元用于生产周转，贷款利率 4%，一年后偿还。

这笔业务使得资产增加，负债同时增加，则会计分录为：

    借：银行存款   300 000

        贷：短期借款   300 000

【例 1-3】明华公司于 3 月 12 日收到投资者追加投资款 500 000 元，款项已存银行。

这笔业务使资产与所有者账户同时增加，则会计分录为：

    借：银行存款   500 000

        贷：实收资本   500 000

（3）成本费用类账户。企业在生产经营中要有各种耗费，在各项成本费用抵消收入以前，可以将其看作一种资产。因此，费用成本类账户的结构与资产类账户的结构基本相同，账户的借方反映成本费用的增加额，账户的贷方反映成本费用转出抵消收益类账户（减少）的数额，由于借方记录的成本费用的增加额当期一般都要通过贷方转出，所以账户通常没有期末余额。因某种情况有余额的，也表现为借方余额。

采用丁字账表示，见表 1-8：

表1-8   成本费用类账户

借方					贷方
①增加额	××××		②转出额	××××	
	×××				
本期发生额	××××		本期发生额	××××	

【例1-4】明华公司于翌年1月9日归还借款300 000元，同时支付利息12 000元，则会计分录为：

借：短期借款   300 000

　　财务费用   12 000

　　贷：银行存款   312 000

（4）收入类账户。收入类账户的结构则与负债及所有者权益的结构基本相同，收入的增加额记入账户的贷方，收入转出（减少额）则应记入账户的借方，由于贷方反映的收入增加额一般要通过借方转出，所以账户通常也没有期末余额。因某种情况有余额，同样也表现为贷方余额。

采用丁字账表示，见表1-9：

表1-9   收入类账户

借方					贷方
（1）转出额	×××		（2）增加额	×××	
	×××				
本期发生额	×××		本期发生额	×××	

【例1-5】明华公司于3月25日收到提供劳务收入1 500元，现金已入账。则：

借：库存现金   1 500

　　贷：主营业务收入   1 500

（5）试算平衡。上述经济业务发生后进行了账务处理，为了验证其是否符合借贷记账法的平衡原理，可进行如下试算平衡（假设各科目均无期初余额）。

①丁字账汇总，见表1-10～表1-15。

表1-10	库存现金	
借方		贷方
①5 000		
②1 500		
6 500		

表1-11	银行存款	
借方		贷方
②300 000		①5 000
③500 000		④312 000
800 000		317 000

表1-12	短期借款	
借方		贷方
④300 000		②300 000
③300 000		300 000

表1-13	实收资本	
借方		贷方
		③500 000
		500 000

表1-14	财务费用	
借方		贷方
④12 000		
12 000		

表1-15	主营业务收入	
借方		贷方
⑤1 500		
		1 500

②编制总账科目发生额试算表。

表1-16	发生额试算平衡表	（单位：元）
会计科目	借方发生额	贷方发生额
库存现金	6 500	
银行存款	800 000	317 000
短期借款	300 000	300 000
实收资本		500 000
财务费用	12 000	
主营业务收入		1 500
合　计	1 118 500	1 118 500

3. 出纳账务处理的程序

账务处理程序，是指会计信息的记录、整理、归类、汇总、呈报的步骤和方法，具体而言是从原始凭证的整理，记账凭证的编制，各类账簿的登记，到会计报表编制的步骤和方法。目前，我国企事业单位的常用会计账务处理的程序主要有记账凭证账务处理程序；汇总记账凭证账务处理程序；科目汇总表账务处理程序；多栏式日记账账务处理程序。各种账务处理程序的主要区别在于对汇总凭证、登记总分类账的依据和办法的要求不同。在各种程序下，对于出纳人员来说，出纳业务处理的步骤和方法基本相同。

（1）按照会计制度的要求严格审核原始单据，办理各项收付款业务，并同时登记发票、支票、收据使用登记簿。

（2）根据原始凭证或原始凭证汇总表填制收款凭证、付款凭证，对于转账投资有价证券业务，还要直接根据原始凭证登记有价证券明细分类账。

（3）根据收款凭证、付款凭证逐笔登记现金日记账、银行存款日记账，有价证券投资业务的企业还要根据收款凭证、付款凭证详细地登记债券投资明细账、股票投资明细账。

（4）现金日记账的余额与库存现金每天进行核对，与现金总分类账定期进行核对；银行存款日记账的余额与银行存款总分账进行核对，银行存款日记账的当期全部记录与开户银行出具的银行存款对账单进行核对（一单一对，逐笔勾销）；债券投资明细账、股票投资明细账与库存有价证券进行核对。

（5）根据日记账和明细账的记录、计算情况，按照经营决策者的管理要求定期或不定期地报送出纳报告，提供出纳信息。

复式记账法及原理

出纳人员为了对会计要素进行核算，反映和监督企业的经济活动，在按一定原则设置了会计科目，并按会计科目开设了账户之后，就需要采用一定的记账方法将会计要素的增减变动登记在账户中。

记账方法是指在经济业务发生以后，如何将其记录在账户中的方法。记账方法有两类，一类是单式记账法，另一类是复式记账法。顾名思义，单式记账法是对发生经济业务之后所产生会计要素的增减变动一般只在一个账户中进行记录登记的方法。例如，用现金购买办公用品，仅在现金账上记录一笔现金的减少。也有同时在现金账与实物账之间记录的，但两个账户之间没有必然的联系。这种记账方法造成账户之间的记录没有直接的联系，没有相互平衡的关系，不能全面地、系统地反映经济业务的来龙去脉，也不便于检查账户记录的正确性、真实性。国内外只有极少数企业使用单式记账法。复式记账法是与单式记账法相对的一种记账方法，它是在每一项经济业务发生后需要记录时，同时在相互联系的两个或两个以上的账户中，以相等的金额进行登记的一种记账方法。

与单式记账法相比较，复式记账法有如下两个特点：

（1）由于对每一项经济业务都要在相互联系的两个或两个以上的账户中做记录，根据账户记录的结果，不仅可以了解每一项经济业务的发生情况，而且可以通过会计要素的增减变动全面、系统地了解经济活动的过程和结果。

（2）由于复式记账要求相等的金额在两个或两个以上的账户同时记账，因此可以对账户记录的结果进行试算平衡，以检查账户记录的正确性。正是因为如此，复式记账法作为一种科学的记账方法一直得到广泛的运用。

复式记账方法是在市场经济长期发展的过程中，通过会计实践逐步形成和发展起来的。在其他一些会计方法中，如编制会计凭证和登记账簿，都必须运用复式记账法，进行相关反映。所以，在全部会计核算的方法体系中，复式记账法占有重要位置。

复式记账法包括几种具体的方法，有借贷记账法、增减记账法、收付记账法等。其中，借贷记账法是世界各国普遍采用的一种记账方法，在我国也是应用最广泛的一种记账方法，我国颁布的《企业会计准则》明文规定中国境内的所有企业都应该采用借贷记账法记账。

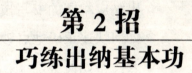

第 2 招

巧练出纳基本功

本章主要内容

☆ 出纳应掌握的书写技巧

☆ 如何快速正确地点钞

☆ 人民币如何鉴别

☆ 如何正确使用保险柜

出纳应掌握的书写技巧

出纳人员要不断地填制凭证、记账、结账和对账，经常要书写大量的数字。如果数字书写不正确、不清晰、不符合规范，就会带来很大的麻烦。因此客观上要求出纳人员掌握一定的书写技能，使书写的数字清晰、整洁、正确并符合规范化的要求。

1. 小写金额数字的书写

小写金额是用阿拉伯数字来书写的。具体书写要求如下：

（1）阿拉伯数字应当从左到右一个一个地写，不得连笔写。在书写数字时，每一个数字都要占有一个位置，这个位置称为数位。数位自小到大，是从右向左排列的，但在书写数字时却是自大到小，从左到右的。书写数字时字迹工整，排列整齐有序且有一定的倾斜度（数字与底线应成 60 度的倾斜），并以向左下方倾斜为好；同时，书写的每位数字要紧靠底线但不要顶满格（行），一般每格（行）上方预留 1/3 或 1/2 空格位置，用于以后修订错误记录时使用。

（2）阿拉伯数字前面应当书写货币币种符号或者货币名称简写。币种符号与阿拉伯金额数字之间不得留有空白。凡阿拉伯数字前写有币种符号的，数字后面不再写货币单位。人民币符号为"￥"。

（3）角分书写情况。所有以元为单位（其他货币种类为货币基本单位）的阿拉伯数字，除表示单价等情况外，一律填写到角分；无角分的，角位和分位可写"00"，或者符号"—"；有角无分的，分位主应当写"0"，不得用符号"—"代替。

2. 大写金额数字的书写

大写金额是用汉字大写数字：零、壹、贰、叁、肆、伍、陆、柒、捌、玖、拾、佰、仟、万、亿等来书写的。具体书写要求如下：

（1）以上汉字大写数字一律用正楷或者行书体书写，不得用一、二、三、四、五、六、七、八、九、十、百、千等简化字代替，不得任意自造简化字。

(2) 大写金额数字到元或者角为止的，在"元"或者"角"字之后应当写"整"字或"正"字；大写金额数字有分的，分字后面不再写"整"或"正"字。

(3) 大写金额数字前未印有货币名称的，应当加填货币名称，货币名称与金额数字之间不得留有空白。如"人民币伍佰元正"。

(4) 阿拉伯金额数字中间有"0"时，汉字大写金额要写"零"字，阿拉伯数字金额中间连续有几个"0"时，汉字大写金额中可以只写一个"零"字；阿拉伯金额数字元位是"0"，或者数字中间连续有几个"0"、元位也是"0"，但角位不是"0"时，汉字大写金额可以只写一个"零"字，也可不写"零"字。

(5) 大写金额中"壹拾几"、"壹佰（仟、万）几"的"壹"字，一定不能省略，必须书写。因为，"拾、佰、仟、万、亿"等字仅代表数位，并不是数字。

序号	小写	大写（错误）	大写（正确）
1	￥3 400.00	人民币：叁仟肆佰元整	人民币叁仟肆佰元整
2	￥6 043 000.00	人民币陆佰万零肆万叁仟元整	人民币陆佰零肆万叁仟元整
3	￥5 000.75	人民币伍仟零柒角伍分	人民币伍仟元零柒角伍分
4	￥2 009.08	人民币贰仟零玖元捌分	人民币贰仟零玖元零捌分
5	￥416.30	人民币肆佰拾陆元叁角整	人民币肆佰壹拾陆元叁角整
6	￥720.05	人民币柒佰贰拾元伍分整	人民币柒佰贰拾元零伍分

【边学边问】 人民币大写金额写法示例

如何快速正确地点钞

点钞技术，通常是指手工点钞的技术，又称点钞法，是指现钞整点技术，是一种手、眼和脑并用的操作技巧，也是出纳人员必须掌握的基本功之一。

出纳人员通过刻苦锻炼，不仅要掌握机器点钞技术，而且还必须掌握一种或几种手工点钞方法，做到点钞快、准。在货币盘点的实务中，主要有以下几种点钞技术及其盘点要领：

1. 手持式单指单张点钞法

这是最常用的点钞法，也就是一张一张清点钞票。其操作要点主要有：

（1）将钞票正面向内，持于左手拇指左端中内，食指和中指在票后面捏着钞票，无名指自然卷曲，与小拇指在票正面共同卡紧钞票。

（2）右手中指微微上翘，托住钞票右上角，右手拇指指尖将钞票右上角向右下方连张捻动，食指和其他手指一道配合拇指将捻动的钞票向下弹动，拇指捻动一张，食指弹拨一张，左手拇指随着点钞的进度，逐渐向后移动，食指向前推动钞票，以便加快钞票的下落速度。

（3）在此过程中，同时采用1、2、3……自然记数方法，将捻动的每张钞票清点清楚。

2. 手按式单张点钞法

这种方法也是常用的方法之一。这种方法简单易学，便于挑剔残损券，适用于收款工作的初、复点。其操作要点主要有：

（1）将钞票平放在桌子上，两肘自然放在桌面上。

（2）以钞票左端为顶点，与身体成45度角，左手小拇指、无名指按住钞票的左上角，用右手拇指托起右下角的部分钞票。

（3）用右手食指捻动钞票，每捻起一张，左手拇指即往上推动到食指、中指之间夹住，完成一次动作后再依次连续操作。

（4）在完成这些动作的同时，采用1、2、3……自然记数方法，即可将钞票清点清楚。

此法与手持式相比，点钞的速度慢一些，但点钞者能够看到较大的票面。

3. 手持式四指四张点钞法

这种方法也是纸币复点中常用的一种方法，它就是以左手持钞，右手四指依次各点一张，一次四张，轮回清点，速度快，点数准，轻松省力，挑剔残损券也比较方便。其操作要点主要有：

（1）钞票横放于台面，左手心向上，中指自然弯曲，指背贴在钞票中间偏左的内侧，食指、无名指和小拇指在钞票外侧，中指向外用力，外侧的指头向内用力，使得钞票两端向内弯成为"U"型。

（2）拇指按于钞票右侧外角向内按压，使右侧展作斜扇面形状，左手腕向外翻转，食指成直角抵住钞票外侧，拇指按在钞票上端斜扇面上。

（3）右手拇指轻轻托在钞票右里角扇面的下端，其余四指并拢弯曲，指尖成斜直线。

（4）点数时小指、无名指、中指和食指尖依次捻钞票右上角与拇指摩擦后拨票，一指清点一张，一次点四张为一组。

（5）左手随着右手清点逐渐向上移动，食指稍加力向前推动以适应待清点钞票的厚度。

这种点钞法采用分组记数法，每一组记为一个数，数到25组为100张。

4. 手按式四指四张法

手按式四指四张法的操作要点主要有：

（1）将钞票平放在桌子上，两肘自然放在桌面上。

（2）以钞票左端为顶点，与身体成45度角，左手小拇指、无名指按住钞票的左上角，右手掌心向下，拇指放在钞票里侧，挡住钞票。食指、中指、无名指、小拇指指尖依次从钞票右侧外角向里向下逐张拨点，一指拨点一张，一次点四张为一组，依次循环拨动。

（3）每点完一组，左手拇指将点完的钞票向上掀起，用二指与中指将钞票夹住。

如此循环往复。这种点钞法采用分组记数法，每两组记为一个数，数到25组为100张。

5. 扇面式点钞法

扇面式点钞法就是将钞票捻成扇面型，右手一指或多指依次清点。

（1）扇面式一指多张点钞法。就是运用一指对钞票进行清点。

（2）扇面式四指多张点钞法。就是运用四个指头交替拨动，分组点，一次可以点多张。

这种点钞法，清点速度快，适用于收、付款的复点，特别是对大批成捆钞票的内部整点作用更大。但是这种方法清点时不容易识别假票、夹杂券，所以不适于收、付款的初点。此法需要较高的点钞技术，一般单位的出纳不易掌握。

6. 机器点钞技术

出纳人员在进行机器点钞之前，首先安放好点钞机，将点钞机放置在操作人员顺手的地方，一般是放置在操作人员的正前方或右上方。安放好后必须对点钞机进行调整和试验，力求转速均匀，下钞流畅、落钞整齐、点钞准确。机器点钞的操作方法主要是：

（1）打开点钞机的电源开头和计数器开关。

（2）放钞。取过钞票，右手横握钞票，将钞票捻成前高后低的坡形后横放在点钞机的点钞板上，放时顺点钞板形成自然斜度，如果放钞方法不正确会影响点钞机的正常清点。

（3）监视点钞。钞票进入点钞机后，点钞人员的目光要迅速跟住输钞带，检查是否有夹杂券、破损券、假钞或其他异物。

（4）取票。当钞票全部下到点钞台后，看清计数器显示的数字并与应点金额相符后，以左手二指、中指将钞票取出。

如果还有钞票需要点验，再重复上述步骤即可。目前的点钞机一般都带有防伪功能，所以，出纳人员在用机器点钞时，还要学会用机器来识别假币的技术。

7. 整点硬币

（1）手工整点硬币。手工整点硬币一般常在收款、收点硬币尾零款时使用。整点时，一般包括拆卷、清点、记数、包装等几个步骤：

①拆卷。右手持卷的 1/3 处，左手撕开硬币包装纸的一头，再用右手大拇指向下从左至右打开包装纸，把纸从圈的上面压开后，左手食指平压硬币，右手抽出已压开的包装纸，以备清点。

②清点。将硬币由右向左分组清点，用右手拇指和食指持币分组清点。为

了准确，可用中指在一组中间分开查看，验证每组数量。

③记数。记数方法采用分组记数法。一组为一次，每次枚数要相同。

④包装。清点完毕后，用双手的无名指分别顶住硬币的两头，用拇指、食指、中指捏住硬币的两端，将硬币取出放入已准备好的包装纸1/2处，再用双手拇指把里半部的包装纸向外掀起掩在硬币底部，用右手掌心用力向外推卷，然后用双手的中指、食指、拇指分别将两头包装纸压下均贴着硬币，这样使硬币两头压三折包装完毕。

（2）工具整点硬币。工具整点硬币是指大批硬币用整点工具进行整点。整点时，也需要经过拆卷、清点、包装等步骤。由于工具整点过程较之于手工整点，除了借助于整点器外，其他类似，而且操作也非常简便。

人民币如何鉴别

1. 人民币防伪技巧

（1）人民币的主要特征。

①纸张。是指印制钞票的主要材料，印制人民币的纸张使用的是印钞专用纸张，其特点是：用料讲究，工艺特殊，予置水印。造成的印钞纸光结挺括、坚韧耐磨。

●印制人民币纸张的主要成分是棉短绒，这样的纸张具有纤维长，强度高，耐磨擦等特点。在鉴别真假票时，通过检查纸张的成分，能够作出正确的鉴别。

●在造纸时，人民币的纸张没有荧光增白剂，在紫外光下观察时，看不到荧光，把真币和假币放在紫外灯光下比较，就会发现假币的纸张出现明亮的蓝白光度，而真币都没有这种现象。

②水印。指制造印钞纸时采用的特殊防伪手段，它是利用纸纤维的不均匀堆积，形成明暗层次不同的图案或图形。人民币的水印，有固定部位水印和满版水印两种。

●固定部位水印的人民币，有第三套人民币拾元券（正面左侧为天安门水印），第四套人民币拾元券、伍拾元券、壹佰元券（依次在正面左侧有农民半侧面头像、工人半侧面头像和毛泽东浮雕半侧面头像水印）。

• 满版水印的人民币，有第三套人民币一元券、二元券、五元券（为国旗五星满版水印），第四套人民币一元券、二元券、五元券（为古钱币图案满版水印）。这种满版水印位置不固定，需要仔细观看。

③制版。人民币的制版，除使用我国传统的手工制版外，还采用了多色套版印制钞票图纹的胶印或凹印接线技术，以及正背面图案高精度对印技术。这是人民币制版中广泛采用的，比较可靠的防伪技术手段。

• 手工雕刻制版。雕刻制版一直是钞票防伪的重要手段，它具有墨层厚、手感强的特点，用放大镜仔细观察，就可以看出图案的各个部位的点线排列，疏密程度，景物的深浅等都有明显的特征。我国人民币从第二套开始都采用了这一技术，真伪币仔细对照，很容易辨别。

• 对印技术。把正、反面图案一次印制成型，使特定部位的图案，正、反面完全一致。第四套人民币一元券、二元券、五元券均采用了这一技术。一般的印刷机，甚至精密的印刷机，由于采用正、背面分次印刷，都很难印出这样好的效果来。

• 凹印接线技术。它的特点是一条完整的线，印上几种不同的颜色时，不产生重叠、缺口的现象，这是其他印刷技术所不及，是目前我国人民币采用的比较先进可靠的防伪技术。

④油墨。印制人民币所用油墨，均为特殊配制的油墨，使用这种油墨多次套版印制的人民币，色泽鲜艳、色调协调、层次清晰。人民币印制时，在大面额票面上，还采用了无色荧光油墨、磁性油墨等主要防伪手段。

• 我国人民币采用同色异谱油墨印制，这种油墨它所表现的特征是：在太阳光下和普通的灯光下，同一般的胶印油墨没有区别，但在紫外灯光下，就会发亮或变成另一种颜色。

一元券：正面中间部位平凸印黄绿色的树干。

二元券：正面中间部位平凸印土黄偏绿色竹竿。

五元券：正面中间部位平凸印桔红色花纹即鸟的头顶、颈、翅膀。

拾元券：正面平凸印桔红色的变形鸟。

伍拾元券：正面平凸印桔红色团花，就是"50"字样的团花中的桔红色。

壹佰元券：正面四个伟人头像，左边印桔红色的花纹处。

•磁性、冲击发光油墨只在第四套人民币拾元券、伍拾元券、壹佰元券三种票币上使用，这两种油墨需要高级仪器检测。

⑤印刷。第四套人民币中一元券以上的主币，正面人像、行名、国徽、面额、花边、盲文等，背面拼音符名、主景、面额、少数民族文字、行长章等，均采用了凹版印刷技术。凹版印刷的钞票，油墨厚，用手触摸，有凹凸感，因此，防伪性能强，是较先进的特种印制工艺。

⑥安全线。1990 年版伍拾、壹佰元人民币，在其正面右侧 1/4 处，采用了特殊的金属安全线工艺，增加了大面额人民币的主动防伪功能。

（2）假币的类型及主要特征。

①机制胶印假币的类型及主要特征。主要特征为：纸张韧性较差，无弹性；纸张内无水印图案，水印用浅色油墨加盖在纸面且模糊不清；底纹呈网状结构；接线出现断裂或重叠；主景图案层次不丰富；在紫外光下呈荧光反映，安全线用黄色油墨加印在纸面。

•拓印假币，主要特征为：纸质较差，无挺度，纸张由三层组成，正背两面各为一薄纸，且纸面上涂有一层油质，中间为一白纸；墨色暗淡，无光泽；水印系描绘在中间白纸上，失真度较小；在紫外光源下，呈强烈荧光；纸幅一般比真票略小等。

•复印假币，又分为黑白复印、彩色复印和激光复印等。主要特征为：纸质为复印机专用纸，弹性差，手感光滑；线条呈点状结构；正反面出现色差，正面人像偏红或偏黄；水印是用白色油墨加盖在背面；在紫外光下有强烈荧光反映；冠字号码加印而成等。

•石、木板印制伪币，通过石刻、木刻制版后进行套印。主要特征为：手法粗糙，人像、图案失真较大，水印多为手工描绘等。

•蜡版油印假币，又分为手工刻印和卷印两种，主要采用蜡纸进行刻印或通过电子扫描技术制成蜡版，然后油印而成。其主要特征是：纸质无弹性，正反两面粘合而成；水印手工描绘、失真度大；油墨无光泽、色彩暗淡；在紫外光下呈荧光反映等。

•照相版假币，主要特征为，纸面较光滑，纸质无弹性；人像、图案无立体感；无底纹线；墨色出现色差；水印系描绘而成，失真度较大；纸幅比真币略小等。

• 描绘假币，主要采用手工描绘进行伪造而成。近年来此类假票有所减少。其特征为：底边凹印图案呈不规则状；人像、图案等失真度较大；在紫外光下有荧光反映等。

• 剪制假币，主要是通过书报杂志上印有人民币图案剪制下来而成假票，一般在黄昏或夜晚进行使用，稍加注意极易发现。

②变造人民币的类型及主要特征。将真币变形、变态升值者，即为变造币，主要有以下几种类型：

• 涂改变造币特征。使用消字、消色等方法，将小面额人民币的金额消去，描绘或刻印成大面额人民币的金额，以此来混充大面额钞票。其主要特征是：钞票金额数字部位有涂改或用刀刮过的痕迹。花纹、颜色、图案以及尺寸均与真币不符。

• 拼凑变造币特征。用剪贴的方法，使用多张真钞经过接拼，多拼出张数以达到混兑、混用，从中非法渔利的目的。其主要特征是：拼出的钞票纸幅比真钞短缺一截，花纹不衔接，钞票背面有纸条或叠压粘贴痕迹。

• 揭张变造币特征。经过处理，将真钞揭开为正、背面两张，再贴上其他纸张，折叠混用，以达到非法渔利之目的。其主要特征是：揭张后的钞票比原有钞票纸质薄，挺度差，一面用其他纸张裱糊，只要将票面打开，正反面一看即可发现。

（3）鉴别真假币的常用方法。

①人工鉴别法。人工鉴别变造币比较容易，这是因为变造币都改变了真币的现状和特征，只要注意是容易识别的。

• 眼看法：查看可疑币的颜色、轮廓、花纹、线条、图案等与真币的区别。真币的花纹、线条粗细均匀，图案清晰，色彩鲜艳，颜色协调，层次分明。而伪造币则线条凌乱、粗细不一，图案、色彩、层次不清，水印模糊无立体感。

• 手摸法：主要凭手感、触摸可疑币的纸质薄厚及挺括程度。花纹、图案、文字等有无凹凸感。真币纸张坚挺，薄厚适中，在特定部位有凹凸感。而伪造币一般纸质薄、挺括程度差、表面光滑无凹凸感。

②仪器鉴别法。目前，鉴别伪造币的仪器可分为普及型和专用型两种。专用型鉴别仪器由于价格比较昂贵，操作较复杂，一般单位不宜配置。在这里仅

介绍几种常见的检测仪器：

●单功能紫外光鉴别仪：该仪器是专门检测紫外发光油墨标记的专用仪器，适用于新版人民币识别真假。

●磁感应鉴别仪：该仪器是专门检测磁性防假油墨标记的专用仪器，操作方便、可靠，适用于新版人民币（第四套人民币）检测。

●透射光鉴别仪：主要用来检测钞票水印的真伪。一般为多功能鉴别仪器中的一种功能。

●放大镜：一般要求能放大6～10倍，借助于放大镜一般可以对比检测真假图案、花纹的细微差别。

●多功能鉴别仪：一般为1、2、4种功能。功能即为上述四种的不同形式的组合。

●点钞机附加防伪装置或防伪点钞机，目前较为流行的是紫外光自动停机或报警的反假装置。

2. 损伤券的处理

人民币在长期商品交换中，有的纸质松软，有的票面脏污，有的磨损或残缺。群众习惯称之为"破钱"，银行术语称之为"损伤券"。一张人民币即使是已经变旧、变脏、甚至已经破损的人民币仍然可以在商品交换中起到价值职能，一样得到社会的承认。为提高人民币的整洁度，银行出纳部门按照中国人民银行的有关规定，在收入现金过程中，要积极主动办理损伤人民币的挑剔、兑换和回收工作。单位的财会人员（主要是出纳人员）在办理现金收付、整点票币时，应随时把损伤票币挑出来，以配合银行出纳部门的工作。

损伤人民币参照以下标准：

（1）票面缺少部分损及行名、花边、字头、号码、国徽之一的。

（2）票面裂口超过纸幅1/3或损及花边、图案的。

（3）票面纸质较旧，四周或中间有裂缝，或断开而粘补的。

（4）由于油浸、墨仿造成脏污面积较大或涂写字迹过多，妨碍票面整洁的。

（5）票面变色严重影响图案清晰的。

（6）硬币残缺、穿孔、变形、磨损、氧化损坏花纹的。

根据中国人民银行公布的《残缺人民币兑换办法》和《残缺人民币兑换办法内部掌握说明》，残缺人民币可以向当地银行办理兑换。

残缺人民币兑换办法的规定如下：

（1）凡残缺人民币属于下列情况之一者，应向中国人民银行全额兑换：

①票面残缺不超过 1/5，其余部分的图案、文字能照原样连接者。

②票面污损、熏焦、水湿、油浸、变色，但能辨别真假，票面完整或残缺不超过 1/5，票面其余部分的图案、文字，能照原样连接者。

（2）票面残缺 1/5 以上至 1/2，其余部分的图案文字能照原样连接者，应向中国人民银行按原面额半数兑换，但不得流通使用。

（3）凡残缺人民币属于下列情况之一者不予兑换：

①票面残缺二分之一以上者。

②票面污损、熏焦、水湿、油浸、变色，不能辨别真假者。

③故意挖补、涂改、剪贴、拼凑，揭去一面者。

不予兑换的残缺人民币由中国人民银行打洞作废，不得流通使用。

残缺人民币兑换办法如下：

①对残缺部分没有另行拼凑多换可能的票券，可从宽掌握兑换：缺少 1/4 的兑换全额；缺少 5/8 的可兑换半额；呈正十字缺去 1/4 者按半额兑换。

②对票面污损、熏焦、水湿、油混、部分变色等，能辨别真假者，亦可按上述标准给予兑换。

③对于因遭火灾，虫蛀、鼠咬、霉烂等特殊原因而损失严重剩余面积较少或因污染变色严重的票面，可由持票人所在地政府或其工作单位出具证明，经审查来源正当，能分清票面种类，能计算出票券的张数，金额，可予以照顾兑换（例如由于火灾等原因只剩余一小部分经组织证明情况属实可予兑换全额）。对大宗的火灾、虫蛀、鼠咬、霉烂券除需有兑换人所在单位证明外银行还必须认真调查，如情况属实，经兑换行领导在证明上签字盖章，方可兑付。对此项损伤券，为了在销毁时便于检查，应将原证明附上。

④对企业误收的图案文字不相连接的拼凑券，可根据其中最大的一块按规定标准兑换。如两半张贴在一起，纸幅基本不短少者，可兑换全额。

⑤凡在流通过程中摩擦受到损伤的硬币中要能辨别正面的国徽或背面的数字，即可兑换全额。

⑥凡经穿孔、裂口、破缺、压薄、变形以及正面的国徽、背面的数字模糊不清的硬币，如确非持币人损毁者，亦可按全额兑回。

⑦兑付额不足一分的不予兑换，五分券按半额兑换。

⑧不予兑换的票券，如持币人不同意打洞，可不打洞；不予兑换的票券和硬币，均可退回原主。

⑨对确系故意损毁人民币者，应将票币没收，并视情节轻重给予批评教育，或交由司法部门依法处理。

⑩兑换的残券，应当着兑换人在票面上加盖"全额"或"半额"戳记。

如何正确使用保险柜

1. 保险柜配备的使用说明

为了保卫国家财产的安全和完整，各单位应配备专用保险柜，专门用于库存现金、各种有价证券、银行票据、印章及其他出纳票据等的保管。各单位应加强对保险柜的使用管理，制定保险柜使用办法，要求有关人员严格执行。

一般保险柜都配有制尾锁、密码锁、弹子锁及防盗报警器等，使用时按以上锁的顺序开放即可，具体使用方法如下：

（1）密码锁的使用。一般保险柜有三个密码数字：首先按第一数字顺时针转动两圈对正标数；然后按第二数字逆时针转动一圈，继续转动对正标数；接着再按顺时针转动对正第三数字标数即可。关锁时随意转一下即可了。

（2）防盗报警器的使用。人离开时，先拔出弹子锁钥匙，接上电源把门关上。若再插入本身的钥匙或金属品报警器便发出响声。开门后关闭电源，报警即止。

2. 保险柜的使用

（1）保险柜的管理。保险柜一般由总会计师或财务处（科、股）长授权，由出纳负责管理。

（2）保险柜钥匙的配备。保险柜要配备两把钥匙，一把由出纳保管，供出纳日常工作开启使用，另一把交由保卫部门封存，或由单位总会计师或财务处（科、股）长保管，以备特殊情况下经有关领导批准后开启使用。出纳不能将保险柜钥匙交由他人代为保管。

（3）保险柜的开启。保险柜只能由出纳开启使用，非出纳不得开启保险柜。如果单位总会计师或财务处（科、股）长需要对出纳工作进行检查，如检查库存现金限额、核对实际库存现金数额，或有其他特殊情况需要开启保险柜的，应按规定的程序由总会计师或财务处（科、股）长开启，在一般情况下不得任意开启由出纳掌管使用的保险柜。

（4）财物的保管。每日终了后，出纳应将其使用的空白支票（包括现金支票和转账支票）、银行收据、印章等放入保险柜内。保险柜内存放的现金应设置和登记现金日记账，其他有价证券、存折、票据等应按种类造册登记，贵重物品应按种类设置备查簿，登记其品质、重量、金额等。所有财物应与账簿记录核对相符。按财务规定，保险柜内不得存放私人财物。

（5）保险柜密码。出纳应将自己保管使用的保险柜密码严格保密，不得向他人泄露，以防被他人利用。出纳调动岗位，新出纳应更换使用新的密码。

（6）保险柜的维护。保险柜应放置在隐蔽、干燥之处，注意通风、防湿、防潮、防虫；保险柜外要经常擦抹干净，保险柜内的财物应保持整洁卫生、存放整齐。一旦保险柜发生故障，应到公安机关指定的维修点进行修理，以防泄密或被盗。

【边学边问】发票不见了怎么办？原来是到地税开的，能不能到地税复印存根后出证明"与原件无误"字样做入账依据？

解析：首先到税务机关及相关报纸上报失，再到地税复印存根后出证明"与原件无误"的字样后作为入账依据。

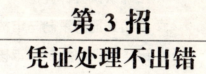

第 3 招
凭证处理不出错

本章主要内容

☆ 正确认识会计凭证
☆ 原始凭证的填制与审核
☆ 记账凭证的填制与审核
☆ 会计凭证的保管

正确认识会计凭证

出纳工作的第一步是取得原始单证，并办理资金收付事项。原始单证在会计上称为原始凭证，是在经济业务发生或完成时由经办该业务的人员取得或填制的，用来详细说明经济业务内容的书面证明。原始凭证是记录经济业务，明确经济责任的直接依据，具有法律效力。

对于出纳人员而言，凡是涉及现金支付、银行结算以及外汇的收付和结算的业务，都必须取得或填制原始凭证，才能进行出纳核算。这些原始凭证必须是能反映经济业务的发生或完成情况的各种书面凭据如发票、银行收款通知、各种费用开支、报销单据。但那些不能证明经济业务发生和完成情况的书面凭证，如工程预算书等，则不能作为原始凭证。

出纳人员取得原始单证后，该原始单证必须经过审核并确认其真实、合法、完整后才能据以办理资金收付事宜和编制记账凭证。

原始凭证的填制与审核

1. 填制原始凭证

填制原始凭证要由填制人员将各项原始凭证要素按规定方法填写齐全，办妥签章手续，明确经济责任。

原始凭证的填制有三种形式，一是根据实际发生或完成的经济业务，由经办人员直接填列，如"入库单"、"出库单"等；二是根据已经入账的有关经济业务，由会计人员利用账簿资料进行加工整理填列，如各种记账编制凭证；三是根据若干张反映同类经济业务的原始凭证定期汇总填列汇总原始凭证。

原始凭证的种类不同，其具体填制方法和填制要求也不尽一致，但就原始凭证应反映经济业务、明确经济责任而言，原始凭证的填制有其一定要求。为了确保会计核算资料的真实、正确并及时反映，应按下列要求填制原始凭证：

（1）符合实际情况。凭证填制的内容、数字等，必须根据实际情况填列，确保原始凭证所反映的经济业务真实可靠，符合实际情况。从外单位取得的原始凭证如有遗失，应取得原签发单位盖有财务章的证明，并注明原来凭证的号码、金额和内容等，经单位负责人批准后，可代作原始凭证。对于确实无法取得证明的，如火车票、轮船票、飞机票等凭证，由当事人写出详细情况，由经办单位负责人批准后，可代作原始凭证。

（2）明确经济责任。填制的原始凭证必须由经办人员和部门签章。从外单位取得的原始凭证必须盖有填制单位的财务章；从个人取得的原始凭证，必须有填制人员的签名或盖章。自制原始凭证必须有经办单位负责人或其指定人员的签名或盖章。对外开出的原始凭证，必须加盖本单位财务章。

（3）填写内容齐全。原始凭证的各项内容，必须详尽地填写齐全，不得遗漏，而且凭证的各项内容，必须符合内部牵制原则。凡是填有大写和小写金额的原始凭证，大写与小写金额必须相符；购买实物的原始凭证，必须有验收证明；支付款项的原始凭证，必须有收款单位和收款人的收款证明。一式几联的原始凭证，应当注明各联的用途，只能以一联作为登记账簿的依据；一式几联的发票和收据，必须用双面复写纸套写，并连续编号，作废时应加盖"作废"戳记，连同存根一起保存，不得撕毁。发生销货退回时，除填制退货发票外，退款时，必须取得对方的收款收据或汇款银行的汇出凭证，不得以退货发票代替收据。职工公出借款收据，必须附在记账凭证上，收回借款时，应另开收据或退还借据副本，不得退还原借款收据。

经有关部门批准办理的某些特殊业务，应将批准的文件作为原始凭证的附件，若批准文件需要单独归档，应在凭证上注明批准机关名称、日期和文件字号。

2. 审核原始凭证

只有经过审核无误的凭证，才能作为记账的依据，为了正确反映并监督各项经济业务，会计部门的经办人员必须严格审核各项原始凭证，以确保会计核算资料的真实、合法、准确。原始凭证的审核，主要包括以下三个方面的内容：

（1）合规性审核。根据有关的法令、制度、政策等，审核原始凭证所记录的经济业务是否合规、合法、有无违反法令、制度的行为；审核经济业务是否按规定的程序予以办理，对于弄虚作假、涂改或经济业务不合法的凭证，应拒绝受理，并报请上级有关人员处理。

（2）完整性审核。根据原始凭证的要素，逐项审核原始凭证的内容是否完整，原始凭证的各项目是否按规定填写齐全，是否按规定手续办理。若原始凭证的内容填写不全，手续不完备，应退经办人员补办完整后，才予受理。

（3）技术性审核。根据原始凭证的填写要求，审核原始凭证的摘要和数字及其他项目是否填写正确，数量、单价、金额、合计是否填写正确，大、小写金额是否相符。若有差错，应退经办人员予以更正。

【边学边问】我们写字楼是几个单位合租的，电费是户主开在一张发票上，我们只能得到复印件，请问我们只用其复印件和收据可以做账吗？

解析：不可以只凭复印件及收据做账，同一票据在几个单位报销，票据原件由报销比例大者留存，并开具分割单。报销比例小者留存分割单、票据复印件。原始凭证分割单必须具备原始凭证的基本内容：凭证名称、填制凭证日期、填制凭证单位名称或者填制人姓名、经办人的签名或者盖章、接受凭证单位名称、经济业务内容、数量、单价、金额和费用分摊情况等。分割单上应加盖单位的财务印章。

记账凭证的填制与审核

1. 填制记账凭证

真实、完整、准确的记账凭证是保证会计信息质量的根本，因此记账凭证的填制除了严格遵守填制原始单证的基本要求外，还应注意以下几点。

（1）凭证应按顺序编号。记账凭证必须按月分类连续编号，以便分清会计事项处理的先后顺序和日后与账簿记录核对，确保记账凭证完整无缺。单位应根据单位规模、业务量大小对记账凭证进行具体分类无论哪一类编号，都必须做到按月、分类、依序。即每月第一天从第一号编起，顺序编到每月最后一天，不允许漏号、重号和错号。为防止记账凭证丢失，应在填制凭证当天及时编号。

采用复式记账的记账凭证一般是一张凭证编一个号，如果发生复杂的经济业务，需要连续编制两张或两张以上的记账凭证时，应加编分号，例如10号会计分录有两张记账凭证，分别编为10A号、10B号。

（2）凭证的摘要应当明确。摘要应当简洁明了，不能有重大遗漏或故意隐瞒，不得含糊其辞，似是而非，不得有误导性陈述，尽量避免烦琐其词。

（3）会计分录的编制应当正确。应填列会计科目名称，或者科目名称和编号，不能只填科目编号不写科目名称。需要登记明细账的还应注明二级科目和明细科目的名称，据以登账。出纳员一般只涉及收付款凭证，不涉及转账凭证。对于收款凭证，其借方科目为"库存现金"或"银行存款"，其贷方科目则应根据经济业务的内容和本行业会计制度的规定具体确定，如提供劳务取得现金收入，在服务行业贷方科目应为"营业收入"。对于付款凭证，贷方科目为"库存现金"或"银行存款"，其借方科目则应根据经济业务的内容和行业会计制度的规定而具体确定，如工业企业用银行存款采购原材料，则其借方科目应为"原材料"。

（4）凭证的金额必须准确。记账凭证金额填完后应加计金额合计数。记账凭证不论是一个会计科目或若干个会计科目，或一个会计科目下有若干个明细科目都应将一方的金额加计合计数填写在相应的"合计"栏内。合计金额前应加注币值符号，如人民币号"￥"。

（5）附件原始凭证应当同类。出纳人员可以根据每一张原始凭证单独填制记账凭证，也可以每天根据若干张同类的原始凭证汇总填制一张记账凭证，或者先将同类的原始凭证编制一张汇总表，再根据该汇总表编制记账凭证。

（6）所附原始凭证的张数。

记账凭证所记录的经济业务必须以能证明该项经济业务的原始凭证作为附件。凡是能证明经济业务内容的各种原始凭证，不论张数多少，都应按规定贴在该记账凭证后面。

除结账和更正错误的记账凭证可以不附原始凭证外，其他记账凭证必须附有原始凭证。如果一张原始凭证涉及几张记账凭证，可以把原始凭证附在一张主要的记账凭证后面，并在其他记账凭证上注明附有该原始凭证的记账凭证的编号或者附有原始凭证复制件。

（7）错误凭证的更正。如果在填制记账凭证时发生错误，应当重新填制。如果是已经登记入账的记账凭证在当年内发现错误的，可以用"补充更正法"、"红字更正法"和"划线更正法"等方法更正；如果发现以前年度记账凭证有错误的，应当填制一张更正的记账凭证。

（8）凭证的签章。记账凭证填制完毕后，应由相关部门和人员签名并盖章，如单位核算已实行电算化处理的，也应在已打印好的记账凭证上补齐有关签章。出纳在办理完款项收付后，除了签章明确经济责任外，还应立即加盖"收讫"或"付讫"戳记。

2. 整理粘贴在记账凭证后的附件

在实际工作中记账凭证所附的原始凭证种类繁多，为了便于日后的装订和保管，在填制记账凭证的时候应对附件进行必要的整理和外形加工。

（1）过宽过长的附件。应进行纵向和横向的折叠，折叠后的附件外形尺寸，不应长于或宽于记账凭证，同时还要便于翻阅；附件本身不必保留的部分可以裁掉，但不得因此影响原始凭证内容的完整。

（2）大小适中的附件。主要是进行"毛边"的修理，搞整齐后用回形针等固定于记账凭证下面。整理保存时尽量不要用胶水，以防日后霉变和给装订带来不便。

（3）过窄过短的附件。不能直接装订时，应进行必要的加工后再粘贴于特制的原始凭证粘贴纸上，然后再装订粘贴纸。原始凭证粘贴纸的外形尺寸应与记账凭证相同，纸上可先印一个合适的方框，各种不能直接装订的原始凭证，如汽车票、地铁车票、市内公共汽车票、火车票、出租车票等，都应按类别整齐地粘贴于粘贴纸的方框之内，不得超出。粘贴时应横向进行，从右至左，并应粘在原始凭证的右边，逐张左移，后一张右边压住前一张的左边，每张附件只粘左边的 0.5～1 厘米长，粘牢即可。粘好以后要捏住记账凭证的左上角向下抖几下，看是否有未粘住或未粘牢的。最后还要在粘贴单的空白处分别写出每一类原始凭证的张数、单价与总金额。

如某人报销差旅费，报销单后面的粘贴单附有 1 元的市内公共汽车票 9 张，2 元的公共汽车票 12 张，400 元的火车票 1 张，900 元的飞机票 1 张，就应分别在汽车票一类下面空白处注明 $1 \times 9 = 9.00$ 元，$2 \times 12 = 24$ 元，在火车票一类下面空白处注明 $400 \times 1 = 400$ 元，在飞机票一类下面空白处注明 $900 \times 1 = 900$ 元。这样，万一将来原始凭证不慎失落，也很容易查明丢的是那一种票面的原始凭证，而且也为计算附件张数提供了方便。粘贴式样（粘贴纸大小如前所述，此处仅列示粘贴方法）见图 3 – 1。

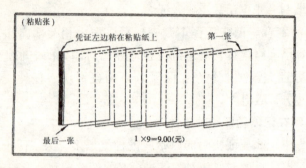

图 3 – 1　原始凭证粘贴式样

3. 审核记账凭证

记账凭证是登记账簿、科目汇总的直接依据，只有经过审核无误后的记账凭证，才能作为登记账簿的依据。因此，出纳人员应对记账凭证进行认真的审核，一旦发现填制错误要按照规定的方法进行更正。在审核记账凭证时，要重点注意以下事项：

（1）记账凭证各项目填制是否完整、齐备，摘要是否清晰。

（2）记账凭证是否附有原始凭证。

（3）记账凭证与原始凭证所反映的经济业务内容是否相同。

（4）记账凭证与原始凭证所反映的金额是否一致。

（5）应借应贷的会计账户对应关系是否清晰，金额是否正确，方向是否有误。

（6）记账凭证的填写字迹是否清楚，有关人员是否已签字盖章。

4. 更正错误的记账凭证

出纳人员在编制记账凭证的过程中往往会因工作疏忽，业务不熟等原因发生工作错误，如会计账户借贷方向记反，使用会计科目不当，写错金额等情况的发生。发生上述错误后，如尚未登记账簿的，应重新填制记账凭证，原错误的记账凭证予以作废或撕毁；对于已登记入账的记账凭证，则应根据错误发生的具体情况，相应地采用规定的方法予以更正。更正方法主要有划线更正法、红字更正法和补充登记法。

（1）划线更正法。又称红线更正法。适用条件是：在结账前，若发生账簿记录有误，但其据以入账的记账凭证并无错误，纯属日记账记录时出现的文字或数字的笔误时，可采用划线更正法予以更正；或是在登记账簿以后，发现记账凭证所写部分摘要内容错误，也可采用此法更正。

更正方法：先将错误的文字或数字上划一条红横线，以表示予以注销，然后，将正确的文字或数字用蓝字写在被注销的文字或数字的上方，并由记账人员在更正处盖章。应当注意的是，更正时，必须将错误数字全部划掉，而不能只更正其中个别数字，并应保持原有字迹仍可辨认，以备查考；对于文字错误，可以只划去有错的地方，不必将与错字相关联的其他文字划去。

【例3-1】出纳员在按记账凭证登记现金日记账时，将支付差旅费845元错误记为854元。更正时应将错误数字全部用红线划去注销，并在上方写上正确的文字并盖章，同时更正有关的账户及余额金额。

（2）红字更正法。又称红字冲销法，因为在会计处理上，以红字记录表示对记录的冲减。适用条件：记账后，发现记账凭证的借贷方科目错误或记账凭证中实填金额大于应填金额时，采用红字更正法进行更正，具体可分为以下两种情况：

一种是记账以后，发现记账凭证中的应借、应贷的会计科目错误造成记账方向有误，但记账凭证及账簿记录的金额并未错，可采用红字更正法予以更正。更正的方法：先用红字金额填制一张会计分录与原错误记账凭证完全相同的记账凭证，在摘要栏内注明"冲销某月某日第×号凭证的错误"，并据以用红字登记入账，以冲销原有的错误记录；然后用蓝字填制一张正确的记账凭证，并在摘要栏中写明"补记某月某日凭证，原错误凭证编号"，并据以登记入账。

采用红字更正法应注意的问题是：在复式记账的前提下，一个科目运用发生错误，必须根据复式记账的原理，将原有错误的记账凭证全部冲销，以反映更正原错误凭证的内容，不能只用红字填制更正单个会计科目的单式记账凭证。

【例3-2】出纳人员收到新乔公司交来购买纯棉内衣的预付款9 000元，银行收讫、填制记账凭证时，误编为如下会计分录，同时据以登记入账。

借：银行存款   9 000

   贷：其他应付款——新乔公司   9 000

发现错误后，先用红字填制一张与原错误记账凭证内容完全一致的记账凭证，并据以用红字金额登记入账，冲销原有的错误记录（以下用方框代表红字），摘要注明"冲销×月×日第×号凭证"。

借：银行存款   9 000

   贷：其他应付款——新乔公司   9 000

然后，再用蓝字编制一张正确的记账凭证，同时登记入账，摘要注明"补记×月×日凭证，原错误凭证为×号"。

借：银行存款   9 000

   贷：预收账款   9 000

另一种是如果记账以后，发现记账凭证和账簿中所记金额大于实际应记金额而应借、应贷的会计科目并无错误，那么应采用红字更正法予以更正。更正的方法是：按正确数字与错误数字之间的差额，即多出金额，用红字填一张记账凭证，在摘要栏内写明："冲销某月某日×号凭证多记金额"，并据以登记入账，以冲销多记的金额。

【例3－3】出纳员从银行提取备用金 200 元；填制凭证时误记为 2 000 元，则错误的会计分录为：

借：库存现金   2 000

   贷：银行存款   2 000

发现后，对记账凭证进行更正，则分录为：

借：库存现金   1 800

   贷：银行存款   1 800

（3）补充登记法。错记金额时，应借、应贷的会计科目并无错误，则应采用补充登记法予以更正。更正的方法是：将正确的数字与错误数字之差额，用蓝字填制一张与原错误记账凭证所记载的借贷方向相同的凭证，在摘要栏内写明"补记某月某日第×号凭证少记××"，并据以登记入账，予以补充。

【例3－4】出纳员现金支付仓库租金3 200元，在填写记账凭证时，误将金额写为 2 300 元，并据此登记入账。

借：销售费用   2 300
  贷：库存现金   2 300

发现错误后予以更正，少记的900元，用蓝字填写记账凭证，则会计分录为：

借：销售费用   900
  贷：库存现金   900

（4）使用更正方法的注意事项。采用红字更正法进行错账更正时应注意，不得以蓝字金额填制与原错误记账凭证记账方向相反的记账凭证去冲销错误记录或冲销原错误金额，因为蓝字记账凭证反方向记载的会计分录反映特殊经济业务，而不反映错账更正的内容。尽管这样记录也能使记账的结余数额与实际情况相符，但这不能表明更正错误记录的内容，这样的分录也无法附上与分录内容相吻合的原始凭证，很容易使人们产生误解。

发现以前年度的错误后，因错误的账簿记录已经在以前会计年度终了进行结账或决算，不可能再将已决算的金额进行红字冲销，这时只能用蓝字凭证对除文字外的一切错账进行更正，并在更正凭证上，特别注明更正××年度错账的字样。

【边学边问】如果一笔经济业务涉及的账户较多，需要编制2张或2张以上的记账凭证，怎么办？

解析：可以采用分数编号法，即在原编号后面用分数的形式表示。例如，第8号记账凭证的会计事项需要编制3张记账凭证，则第1张为 $8\frac{1}{3}$，第2张为 $8\frac{2}{3}$，第3张为 $8\frac{3}{3}$。

【边学边问】填写记账凭证日期应注意哪些问题？

解析：在填写记账凭证时，为了连续、清晰、完整地反映经济业务往来的来龙去脉，出纳人员应当恰当地书写日期。一般说来，填写日期要填财会人员填制记账凭证的当天日期，但有时也根据实际需要填写经济业务发生的日期或月末日期。在填写时，应注意以下几点：

（1）现金收付款记账凭证填写办理收付现金的日期。

（2）银行付款业务记账凭证，填写财会部门开出银行存款付出单据的日期或承付的日期。

（3）银行收款业务记账凭证，填写财会部门收到银行进账单或银行回执的戳记日期。如果实际收到的进账单日期与银行戳记日期相隔很远，则填写财会部门实际办理转账业务的日期。

（4）属于计提和分配费用等转账业务的记账凭证，应以当月最后的日期填写。

（5）次月初收到上个月的银行收付款凭证，应填写财会部门实际办理转账业务的日期。

会计凭证的保管

出纳人员每天都要收存、支付许多凭证，又保管着单位的货币性资产，所以应该掌握必要的凭证装订和保管技能。

1. 出纳凭证的整理

出纳人员根据收款凭证和付款凭证记账后，必须逐日、逐张对原始凭证进行加工整理，以便于汇总装订。原始凭证的整理要求做到：

（1）对于面积小而又零散不易直接装订的原始凭证，应先将小票按同金额归类，粘贴到另一厚纸上，对齐厚纸上沿，从上至下移位重叠粘贴，注意小票不应落出厚纸下沿。

（2）对于面积较大但又未超过记账凭证大小的原始凭证，不宜粘贴，应先用大头针或回形针将其别在一起，待装订时取掉。

（3）对于面积稍微大过记账凭证的原始凭证，应按记账凭证大小先自下向上折叠，再从右到左折叠；如原始凭证的宽度超过记账凭证两倍或两倍以上，则应将原始凭证的左下方折成三角形，以免装订时将折叠单据订入左上角内。

（4）左端边缘空白少不够装订时，要贴纸加宽，以便装订翻阅。

（5）整理后的记账凭证应顺序编列总号，一般按现收、现付、银收、银付顺序编列总号。

2. 出纳凭证保管应注意的问题

保证出纳凭证的安全与完整是全体出纳人员的共同职责，在立卷存档之前，出纳凭证的保管由财会部门负责。保管过程中应注意以下问题：

（1）出纳凭证应及时传递，不得积压。记账凭证在装订成册之前，原始凭证一般是用回形针或大头针固定在记账凭证后面，在这段时间内，凡使用记账凭证的出纳人员都有责任保管好原始凭证和记账凭证。使用完后要及时传递，并且要严防在传递过程中丢失。

（2）凭证要妥善保管。凭证在装订以后存档以前，要妥善保管，防止受损、弄脏、霉烂以及鼠咬虫蛀等。

（3）给原始凭证编号。对于性质相同、数量过多或各种随时需要查阅的原始凭证可以单独装订保管，在封面上注明记账凭证种类、日期、编号，同时在记账凭证上注明"附件另订"和原始凭证的名称及编号。

（4）编制目录。各种经济合同和涉外文件等凭证，应另编目录，单独装订保存，同时在记账凭证上注明"附件另订"。

（5）原始凭证不得外借。其他单位和个人经本单位领导批准调阅会计凭证，要填写"会计档案调阅表"，详细填写借阅会计凭证的名称、调阅日期、调阅人姓名和工作单位、调阅理由、归还日期、调阅批准人等。调阅人员一般不准将会计凭证携带外出。确需复制时，要说明所复制的会计凭证名称、张数，经本单位领导同意后在本单位财会人员监督下进行，并应登记与签字。

（6）出纳凭证由专人保管。出纳凭证装订成册后，应由专人负责分类保管，年终应登记归入会计档案，一年后正式交档案管理部门保管。

3．凭证归档保管

装订成册的会计凭证，应由会计部门指定专门人员负责保管，但出纳不得兼管会计档案。年度终了后，可暂由财会部门保管一年，期满之后，编造清册移交本单位的档案部门保管。保管时，要防止受损、弄脏、霉烂以及鼠咬虫蛀等。

凭证的装订质量，也是出纳工作质量好坏的重要标志。装订不仅要求外观整齐。而且要防止偷盗和任意抽取。同时正确的装订方法能保证凭证的安全和完整。装订时要加凭证封面和封底。凭证装订方法如下：

（1）将需要装订的凭证上方和左方整理齐整，再在左上方加一张厚纸作为封签，铁锥在封签上钻三个圆眼，直至底页，然后装订。

（2）订牢后，在订线的地方涂上胶水，然后将封签按订线所形成之三角形的斜边折叠。

（3）将凭证翻转过来，底页朝上，对封签进行剪切。

（4）涂上胶水，折叠，并在封签骑缝处加盖装订人图章。

凭证装订好后，不能轻易拆开抽取。如因外调查证，只能复印，但应请本单位领导批准，并在专设的备查簿上登记，再由提供人员和收取人员共同签名盖章。

4. 保管期限

会计凭证的保管期限和销毁手续，必须严格执行《会计档案管理办法》。一般的会计凭证应保存 15 年，银行存款余额调节表保存 3 年，而对重要的会计凭证，如涉及外事的会计凭证等，则应永久保存。

对保管期满需要销毁的会计凭证，必须开列清单，报经批准后，由档案部门和财会部门共同派员监督销毁。企业会计档案保管期限表格式见表 3－1：

表 3－1   企业会计档案保管期限表

会计档案名称	保管期限	备 注
一、会计凭证类		
1. 原始凭证、记账凭证和汇总凭证	15 年	
其中：涉及外事和其他重要的		
会计凭证	永久	
2. 银行存款余额调节表	3 年	
二、会计账簿类		
1. 日记账	15 年	
其中：现金和银行存款日记账	25 年	
2. 明细账	15 年	
3. 总账	15 年	包括日记总账
4. 固定资产卡片		固定资产报废清理后保存 5 年
5. 辅助账簿	15 年	
6. 涉及外事和其他重要的会计账簿	永久	
三、会计报表类		
1. 月季度会计报表	5 年	包括各级主管部门的汇总会计报表
2. 年度会计报表（决算）	永久	包括文字分析
四、其他类		
1. 会计移交清册	15 年	同上
2. 会计档案保管清册	25 年	
3. 会计档案销毁清册	25 年	

第 4 招
账簿处理不出错

本章主要内容

☆ 如何启用账簿

☆ 如何设置账簿

☆ 如何登记账簿

☆ 如何保管及更换账簿

☆ 出纳报告

如何启用账簿

1. 填写账簿启用表

出纳员启用现金日记账，应按规定的内容逐项填写"账簿启用及接交表"和"账户目录表"，具体格式如表4-1、表4-2所示。

表4-1　　　　　　　　　　　　　账簿启用及接交表

单位名称							印鉴	
账簿名称					（第　　册）			
账簿编号								
账簿页数	本账簿其计　　页（		本账簿页数 检点人盖章		）			
启用日期	公元　　年　　月　　日							

经管人员	负责人		主办会计		复核		记账	
	姓名	盖章	姓名	盖章	姓名	盖章	姓名	盖章

接交记录	经管人员		接管				交出			
	职别	姓名	年	月	日	盖章	年	月	日	盖章

备注	

表4-2　　　　　　　　　　　　　账户目录

编号	科　目	页码	编号	科　目	页码	编号	科　目	页码

2. 启用会计账簿时的封面、扉页填写

（1）在账簿封面上写明单位名称和账簿名称。

（2）账簿扉页上应附"经办人员一览表"。内容包括单位名称、账簿名称、账簿页数、启用日期、记账人员和会计机构负责人、会计主管人员姓名，并加盖名章和公章。会计主管人员调动工作时，应当注明交接日期、接办人员和监交人员姓名，并由交接双方签名或者盖章。

（3）粘贴印花税票。粘贴印花税票的账簿，印花税票一律粘在账簿扉页启用表的右上角，并在印花税票中间划两条出头的横线，以示注销；使用缴款书缴纳印花税，在账簿扉页启用表上的左上角注明"印花税已缴"及缴款金额。缴款书作为记账凭证的原始凭证登记入账。

【边学边问】 公司刚刚成立需要建立的各种总账，明细账，现金日记账、银行存款日记账等，这些都在哪里买？

解析：有专卖会计用品的商店，可以到那里去买。也有各地财政局专门指定的地点。带钱就可以买。

【边学边问】 启用账簿应交哪些税？

解析：

（1）购买账簿缴纳印花税。

印花税是对经济活动和经济交往中书立、领受的凭证征收的一种税。征税对象为税法列举的各类经济合同、产权转移书据、营业账簿和权利许可证明等。

营业账簿的纳税义务人是立账簿人。立账簿人是指开立并使用营业账簿的单位和个人。如某企业因生产需要，设立了若干营业账簿，这个企业就是印花税的纳税义务人。营业账簿包括单位和个人从事生产经营活动所设的各种账册。

营业账簿的印花税，分别按资金账簿和其他账簿计征。

（2）资金账簿的纳税计算。

根据《印花税税目——税率表》规定，应计征印花税的资金账簿，包括载有固定资产原值和自有流动资金的总分类账簿或者专门设置的记载固定资产原值和自有流动资金的账簿。资金账簿的计税金额为固定资产原值与自有流动资金总额，适用税率0.5‰。其应纳税额的计算公式为：

应纳税额 =（固定资产原值 + 自有流动资金）×0.5‰

按照规定，资金账簿按 1988 年 10 月 1 日的固定资产原值和自有流动资金合计的金额计算贴花。以后年度，应以年初固定资产原值和自有流动资金合计的金额与已贴花的两项资金总额作比较，增加金额的，就增加部分按适用税率计算贴花；未增加金额的，不再贴花。

这里需要说明的是，国家税务总局决定从 1994 年 1 月 1 日起，其"记载资金的账簿"的印花税计税依据改为"实收资本"与"资本公积"两项的合计金额。企业启用新账簿后，其"实收资本"和"资本公积"两项的合计金额大于原已贴花资金的，就增加的部分补贴印花。

（3）其他账簿的纳税计算。

按照印花税暂行条例及其施行细则的规定，企事业单位除记载资金的总分类账簿以外的账簿，包括日记账簿和各明细分类账簿等，都属于其他账簿。其他账簿一律按件贴花，每本五元。

对违反税法规定行为的处罚。为加强印花税的稽征管理，依法处理违法案件，1994 年 10 月 10 日，财政部、国家税务总局根据《中华人员共和国税收征收管理实施细则》第 2 款第 85 条规定，对有关印花税的处罚办法明确为：

纳税人有下列行为之一的，由税务机关根据情节轻重予以处罚：

①在应纳税凭证上不贴或少贴印花税票的，税务机关除责令其补贴印花税票外，可处以应补实际印花税税票金额3～5倍的罚款。

②已粘贴在应纳税凭证上的印花税票未注销或者未划销的，税务机关可处以未注销或者未划销印花税票金额 1～3 倍的罚款。

③已贴用的印花税票揭下重用，税务机关可处以重用印花税票金额 5 倍或者 2 000 元以上 10 000 元以下的罚款。

伪造印花税票的，由税务机关提请司法机关追究刑事责任。

如何设置账簿

任何一个企业，不论其规模大小，为了提供经营管理所需要的信息，都应设置账簿。但是，企业的账簿并非千篇一律。一个企业应该设置哪些账簿，要结合生产的规模、性质等具体条件和实际需要加以考虑。企业规模的大小，决定了企业设置多少账簿；企业生产性质的不同，决定了账簿格式的多种设计；企业生产经营管理水平的高低，决定了账簿设置的繁简。总之，每个企业应结合自己的具体条件和实际需要来设置账簿。

企业设置账簿应本着适用、科学、简便的原则。所谓适用，就是指账簿设置要适应本企业的规模和特点，适合本企业经营管理的需要，有利于企业记账、算账、报账和用账，要便于及时总结经验，发扬优点，纠正缺点，加强经营管理。

所谓科学，就是账簿组织要科学，既要避免重复设账，又要避免设账过简；账簿之间既要有明确分工，又要有有机联系。只有这样，才能有利于全面、系统、正确、及时地提供会计信息，满足日常管理和经营决策的需要，防止可能发生的漏洞。

所谓简便，就是指账簿格式要简单明了，账册不要过多，账页不宜过长，要便于账簿的日常使用和保管，不要搞烦琐哲学，但也不能为了简便，以单代账或以表代账。

在设置账簿过程中，还应注意以下几个问题：

（1）设置账簿必须考虑到能否保证全面地、系统地核算和监督经济活动情况，为经营管理提供必要的考核指标。

（2）设置账簿必须考虑到本单位经济活动和业务工作特点，应有利于会计工作分工和加强岗位责任制。

（3）设置账簿必须考虑到有关账簿之间的统驭关系和平行登记关系，充分发挥账簿之间的牵制作用，避免登录过程中的遗漏或重复记账，这样才能保证账簿记录全面、系统、正确地提供经营管理所需要的各项指标。

【边学边问】 记账凭证、账簿和表格上的摘要有何异同？

解析：记账凭证、账簿和表格上的摘要都是经济业务在记账对象载体上的反映。由于表格是根据有关账簿和会计凭证编制，账簿又是根据有关会计凭证登记的，因此，不但三者所反映的客观经济业务的内容必须一致，而且用摘要这种语言形式来表达此项经济业务活动的基本状况时，其内容实质也必须一致，即不允许三者的摘要在反映同一项经济业务活动的结果时产生理解上的矛盾和有实质上的差异。这是记账凭证、账簿和表格上摘要的共同点，即三者之间必然的内在联系。

强调三者之间的内在联系，并不等于三者的摘要一字不差。由于三者反映企业经济活动的侧重点不同，因此，三者的摘要应该同中求异，异中求同。

如何登记账簿

1. 现金日记账的登记

现金日记账是用来对库存现金的日常收支变动和结存情况按时间先后顺序逐笔登记、连续反映的账簿。利用现金日记账的记录，可以对现金的保管、使用及现金管理制度的执行情况进行严格的日常监督，可以检查现金收款凭证、付款凭证有无丢失情况，保证账证相符、账实相符。

现金日记账的格式一般有两种，一种是三栏式，一种是多栏式。

三栏式现金日记账，现金的收入、支出和结余同在一张账页上，各收入栏和支出栏的对方科目，另设专栏反映。其格式如表 4－3 所示。

表 4－3　　　　　　　　　　　　　　现金日记账

年		凭证		摘要	对方科目	借方	贷方	余额
月	日	类别	号数					

多栏式现金日记账，是在三栏式日记账基础上发展建立起来的。现金支出数应按应借科目分设支出专栏、收入专栏。这样，各有关专栏的合计数，就可用来登记有关的总账。这种现金日记账的收入栏和支出栏，如果分别按照对应科目设置专栏，并列入一本账簿，则账簿篇幅势必太大，因而一般将这种日记账划分为现金收入日记账和现金支出日记账，其格式如表 4－4、表 4－5、表 4－6 所示。

表4-4　　　　　　　　　　　　现金日记账　　　　　　　　　　第___页

年		凭证		摘要	收入栏		支出栏		结余
月	日	类别	号数		应贷科目	合计	应借科目	合计	

表4-5　　　　　　　　　　　　现金收入日记账

年		凭证		摘要	贷方科目		支出合计	结余
月	日	类别	号数			收入合计		

表4-6　　　　　　　　　　　　现金支出日记账

年		凭证		摘要	借方科目	
月	日	类别	号数			支出合计

（1）三栏式现金日记账的登记方法。

①现金日记账一般是由出纳人员逐日顺序登记，为了坚持内部体制原则，实行钱账分管，出纳人员不得负责现金收入日记账和银行存款日记账以外的项目账簿。这是出纳工作中重要的环节，也是考核出纳员工作成绩的重要依据之一。出纳员应根据现金日记账来管理现金，做到以账管钱，完备出纳核算系统，

同时明确出纳员的责任。

②出纳员根据审核后的现金收款凭证或现金付款凭证进行登记。对于从银行提取现金这样的业务，应只编制银行付款凭证，因此应根据银行付款凭证登记在现金"收入"栏。

③每日终了，都要结出当日的收入合计数和支出合计数，分别记入"收入"栏和"支出"栏，并结出当日的结存余额，记入"结余"栏。

④每日结账的时候，出纳员将现金日记账同库存现金相核对，以查明二者是否相符，若有不相符的地方，应及时查明原因，或报告会计主管人员。

⑤月份终了，应结出本月收入合计数、支出合计数及月末余额；每年年终，应结出本年收入合计数、支出合计数和年末余额。

（2）多栏式日记账的登记方法。

①多栏式现金日记账的登记方法与三栏式现金日记账的登账要求大体相同，都是由出纳员根据审核后的记账凭证进行登记，并在每日终了进行结账，同时与库存现金核对相符；月份终了进行月结，年份终了进行年结。

②多栏式现金收入日记账的登记方法。其登记方法同一般的多栏式现金日记账基本相同，只需注意的是，多栏式现金支出日记账中的支出合计款应转入本账户中的"支出合计"栏中，因此，每期的结余数也在本账户中列示。此外，在根据现金收入日记账登记总账的时候，凡是涉及"银行存款"账户的，都不能据此登记银行存款总账，因为这笔业务在银行存款日记账中也有记录，如果据此登记则会造成同一笔业务的重复登记。

③多栏式现金支出日记账的登记方法。其登记方法与多栏式现金收入日记账的登记方法大致相同，只需注意的是，在根据现金支出日记账登记有关总账的时候，还应登记"银行存款"总账，同时期末应将其支出合计数转记到现金收入日记账的支出合计栏内。

三栏式现金日记账的登记方法，是由出纳人员根据现金收款凭证和现金付款凭证直接逐日逐笔登记。登记时，应填明业务日期、凭证字号、摘要、对方科目、收入或支出金额。对于从银行提取现金收入数，应根据银行存款付款凭证登记。每日终了，应及时计算出当日的收入数、支出数和结余数并将结余数与库存现金实存数核对。多栏式现金收入和支出分别反映在两本账上。根据现金付款凭证登记现金支出日记账，按日结出每天的现金支出数填记在支出合计栏内，同时将现金支出日记账上的支出合计数转记到现金收入日记账上的支出合计数栏内。根据现金收款凭证登记现金收入日记账，按日结出每天的现金收入合记数，登记在收入合计栏内，同时结出当天现金的结余数，与库存现金实存数相核对。

2. **银行存款日记账的登记**

银行存款日记账是用来逐日反映银行存款的增减变动和结余情况的账簿。通过银行存款日记账的设置和登记，可以加强对银行存款的日常监督和管理，并便于与银行进行账项的核对。

银行存款日记账的格式，也有三栏式和多栏式两种，其基本结构与现金日记账类同。三栏式的银行存款日记账如表 4-7 所示。

表 4-7　　　　　　　　　　　　　　银行存款日记账

年		凭证号数	摘要	现金支票号码	转账支票号码	借方	贷方	借或贷	余额
月	日								

为了避免多栏式银行存款日记账的篇幅过大，在实际工作中，一般也将这种日记账划分为银行存款收入日记账和银行存款支出日记账，其格式与现金收入日记账和现金支出日记账基本相同，区别在于设有"结算凭证种类及号数"栏，多栏式银行存款日记账的格式从略。

银行存款日记账同现金日记账的登记方法大致相同，这里不再详述。

银行存款日记账是由出纳人员根据银行存款收款凭证、银行存款付款凭证逐日逐笔顺序登记的，对于现金存入银行的业务，只编制现金付款凭证，不编制银行存款收款凭证，因而此时的银行存款收入数，应根据相关的现金付款凭证登记。每日终了，应及时计算出当日的收入数、支出数和结余数，以便检查监督各项收支款项，并便于定期同银行送来的对账单逐笔核对。

【边学边问】记账时，正好记完本月最后一笔，该过次页，也该合计了，最后一行是合计带过次页，还是过次页后在第2页合计累计的？

解析：这种情况应该按正常程序在本页最后一行中注明"过次页"，然后第二页中第二行写合计，累计数据。

【边学边问】登记现金日记账和银行账，如果出现空页，是用红色笔划还是用黑色笔划？

解析：用红色笔划。在会计和出纳的日常工作中，使用红色笔或者蓝色笔都是有很严格的规定的。

在账簿记录中使用的红字，具有特定的涵义，它表示蓝字金额的减少或负数余额。因此，结账时，如果出现负数余额，可以用红字在余额栏登记，但如果余额栏前印有余额的方向（如借或贷），则应用蓝黑墨水书写，而不得使用红色墨水。

如何保管及更换账簿

1. 保管账簿

账簿是企业重要的档案，企业在会计年度开始的时候都要更换使用新的会计账簿，同时对旧账簿加以妥善保管。

（1）账簿的保管。在将所有的旧账对账、结账完毕，并将所有的活页账装订完毕、加上封面并由主管人员签字盖章之后，要及时地将所有的订本账及活页账交由档案人员造册归档。归档时，要编制"会计账簿归档登记表"及明确责任。

会计账簿应有一定的保管期限，根据其特点，分为永久和定期两类。就企业会计而言，国家规定的保管期限是：会计凭证为15年，其中，涉及外事和重大事项的会计凭证为永久保管；会计账簿中，一般日记账为15年，现金和银行存款日记账为25年，明细账和总账为15年，固定资产卡片在固定资产清理报废后保存 5 年，辅助账簿为 15 年，涉外和重大事项会计簿永久保管；会计报表中，年度会计报表永久保管，月、季会计报表保管 5 年。

（2）需要调用旧账时应办理的手续。各单位保存的会计账簿归档后不得借出，如有特殊需要经本单位负责人批准，可以提供查阅或者复制，并办理登记手续，查阅或者复制会计档案的人员，严禁在会计档案上涂划、拆封和抽换。

各单位应建立健全会计档案查阅、复制登记制度。

2. 更换账簿

为了清晰地反映各个会计年度的财务状况和经营成果，每个会计年度开始时，一般都要启用新账，并把上年度的会计账簿归档保管。

现金日记账、银行存款日记账、总分类账及明细分类账都要每年更换新账，但固定资产明细账或固定资产卡片可以继续使用，不必每年更换新账。

年终结账后，有期末余额的账户，应将其余额结转至下年度新账簿的相应账户中去。结转时，将账户的余额直接记入新账簿中相对应的账户中的余额栏内，不需要编制记账凭证，也不必将本年有余额的账户调整为零。

下年度新开账户的第一行，填写的日期是 1 月 1 日，"摘要"栏注明"上年结转"字样，同时，将上年结转余额记入"余额"栏，并标明余额方向。上年度该账户的借方余额，转至本年度新账内仍为借方余额，上年度该账户的贷方余额，转至本年度新账内仍为贷方余额。其格式见表 4 - 8。

表 4 - 8　　　　　　　　　　　　总分类账

账户名称：产成品

2007 年		凭证号数	摘要	借方	贷方	借或贷	余额
月	日						
1	1		上年结转			借	450 000

【边学边问】企业即将注销，成立新公司，是否还应保存原有账簿？

解析：需要。

因为根据《会计档案管理办法》的规定：单位因撤销、解散、破产或者其他原因而终止的，在终止和办理注销登记手续之前形成的会计档案，应当由终止单位的业务主管部门或财产所有者代管或移交有关档案馆代管。法律、行政法规另有规定的，从其规定。

出纳报告

1. 出纳报告单的格式

出纳记账后，应根据现金日记账、银行存款日记账等核算资料，定期编制出纳报告单，报告本单位本期现金和银行存款等的收支与结存情况，并据以与总账会计核对现金和银行存款的期末余额。

出纳报告是出纳工作的最终成果，也是单位管理者进行经营决策的重要依据，因此必须保证其出纳信息的真实性、完整性和准确性。出纳人员应根据单位内部管理的要求设计符合单位实际情况的出纳报告，定期编制并及时报送。

出纳报告属于企业内部报告，形式上具有较大的灵活性，但其基本内容应当包括"上期结存"、"本期收入"、"本期支出"和"期末结存"等基本项目。出纳人员记账后，应根据现金日记账、银行存款日记账、有价证券明细账、银行对账单等核算资料，定期编制"出纳报告单"，报告本单位一定时期现金、银行存款、有价证券的收存情况，并与总账会计核对期末余额。"出纳报告单"的格式见表4-9。

表4-9   出纳报告单

单位名称：   年 月 日至 年 月 日   编号：

项　　目	库存现金	银行存款	有价证券	备　　注
上期结存				
本期收入				
合计				
本期支出				
本期结存				

主管：   记账：   出纳：   复核：   制单：

2. 出纳报告单的编制

编制出纳报告单应符合下列要求。

（1）编制要及时。出纳报告单的报告期可与本单位总账会计汇总记账的周期相一致，如果本单位总账5天汇总一次，则出纳报告单5天编制一次。但本单位货币收支业务量较大或因内部决策的需要，出纳报告单可就现金和银行存款情况每天一报。

（2）账表内容必须一致。出纳报告单上的项目内容应当与出纳日记账有关明细账和备查簿内容相符，保证其出纳信息的真实、完整、准确。

（3）横向项目填表说明。

①上期结存数是指报告期前一期期末结存数，即本期报告期前一天的账面结存金额，也就是上一期出纳报告单的"本期结存"。

②本期收入数按账面本期借方合计数额填列。

③本期支出数按账面本期贷方合计数额填列。

④本期结存是指本期期末账面结存数字，它等于"上期结存＋本期收入－本期支出"的数额，本期结存必须与账面实际结存数一致。

⑤备注是对明细账目中特殊情况的说明，如银行存款中的未达账项、债券的到期日期等。

（4）纵向项目设计说明。纵向项目设计时可根据实际需要进行扩充合并，一般的整合原则是：

①现金可按保管人分项，如连锁超市的各个门市部。

②银行存款先按币种分项，再按不同的开户账号分项，出于简化工作量考

虑也可以按常用与不常用分项。

③其他货币资金按明细账分项。

④有价证券按不同单位分项,债券可以按到期天数分项。

⑤其他项目如应收票据、应付票据可根据实际需要设置。

(5)报送范围和程序要确定。由于出纳报告属于单位内部资料,出纳人员未经有关领导的批准,不得任意传送或泄露其内容。但在接受国家行政部门如工商、税务、审计等的检查时,出纳人员也不得擅自隐瞒、篡改出纳报告的内容。

第 5 招

现金及有价证券管理秘诀

本章主要内容

☆ 现金管理的内部控制

☆ 现金的提取与送存

☆ 如何管理现金

☆ 如何管理有价证券

☆ 现金收付款凭证的复核

现金管理的内部控制

企业现金内部管理的重点在于保证企业现金的安全完整，不被不法分子贪污、挪用、偷盗。建立健全一套完善的现金内部控制制度，应当包括授权审批制度、职务分离制度、文件记录制度、内部审计制度等内容。

1. 授权审批制度

企业必须依照国家的有关方针、政策和规章制度，加强对现金开支审批的管理。一般包括以下内容：

（1）明确现金开支界限。企业明确现金开支界限有以下两个方面：

①应当在现金管理规定的范围内支付现金，办理现金结算。

②应当保证现金支出的安全性，如职工个人借款的金额不得超过其应付工资的金额，个人医药费用的报销不得超过规定的标准，个人差旅期间的出差补助不得超过规定的标准等。

（2）明确现金报销手续。企业应当按其经济业务的内容和管理要求设计各种报销凭证，如工资表、差旅费报销单、购料凭证、借款单等，并应告知有关人员相应的填制方法，避免出现误填误报。

同时，企业还应规定各种报销的程序和传递手续，确定各种现金支出业务的报销要求，超出现金开支界限或未按规定填制单据的各种支出不予报销。

（3）现金支出的审批权限。企业应根据其经营规模和内部职责分工情况，确定不同额度和不同的现金支出审批权限。例如：某企业规定凡是现金开支在500元以下的行政费用支出，由会计人员审查批准；凡现金开支在500元以上，1 500元以下的行政费用开支，由财务主管审查批准；凡涉及到销售费用金额在2 000元以下的，由销售主管审查批准；凡余额在2 000元以上的支出，必须由企业负责人审查批准。对于没有经过审核批准或有关人员超越规定审批权限的，出纳人员不予受理。

2. 职务分离制度

企业应对现金内部控制系统中不相容的职务实行分工负责，主要是建立钱账分管制度，具体包括以下内容：

（1）企业应配备专职或兼职的出纳人员办理现金收付和保管工作，非出纳人员不得经管。

（2）现金收支的授权审批和执行现金收支的职务应当分离。

（3）执行现金业务和记录现金业务的职务要分工。

（4）现金保管与稽核职务要分工。

（5）登记现金日记账和登记现金总账的职务要分工。

（6）出纳人员不得兼管收入、费用、债权、债务等账目的登记工作。

（7）出纳人员不得兼管会计档案的保管工作。

3. 文件记录控制

财务文件记录是记录经济业务内容，明确有关人员责任的书面证明。完备而有效的文件记录可以真实全面地反映企业的经济活动情况。为了保证文件记录的完整和真实性，加强对现金管理的监督，必须加强文件记录控制。

（1）出纳人员办理现金收付的原始单据必须真实、完整、合法。

（2）出纳人员登记日记账的记账凭证必须审核无误。

（3）文件记录的保管应当有专人负责。

（4）任何人不得擅自更改、涂抹、销毁有效的文件记录。

4. 内部稽核制度

企业内部稽核的主要目的是为了确保业务记录能够真实、准确，加强对岗位责任的监督管理，防范内部不利因素的影响。内部稽核制度具体包括以下内容：

（1）出纳人员办理现金出纳业务时，必须做到按日清理，按月结账，保证账实相符。

（2）会计人员应当定期进行账证、账账核对，保证现金总账与现金日记账一致。

（3）稽核人员应当定期或不定期地进行现金清查，及时发现可能发生的现金差错或丢失情况，防止贪污、盗窃、挪用等不法行为的发生，确保企业资金安全完整。

现金的提取与送存

1. 现金提取的程序

各单位从银行提取现金，应包括以下程序：

（1）签发现金支票。现金支票是由存款人签发，委托开户银行向收款人支付一定数额现金的票据。现金支票是支票的一种，是专门用于支取现金的。

（2）按现金的开支范围签发现金支票。开户单位应按现金的开支范围签发现金支票，现金支票的金额起点为 100 元，其付款方式是见票即付。

（3）认真填写支票。签发现金支票应认真填写支票的有关内容，如款项用途，取款金额，签发单位账号，收款人名称（开户单位签发现金支票支出现金，是以自己为收款人），加盖财务章和名章等。

2. 取款的步骤

取款人持出纳人员签发的现金支票到银行取款时，一般要遵从以下几个步骤：

（1）将现金支票交银行有关人员审核。

（2）审核无误后将支票交给经办单位结算业务的银行经办出纳人员，等待取款。

（3）银行经办人员对支票进行审核，核对密码及预留印鉴后，办理规定的付款手续。

（4）取款人应根据银行经办人员的要求回答应提取的数额，回答无误后银行经办人员即照支票付款。

（5）取款人收到银行出纳人员付给的现金时，应当面清点现金数量，清点无误后才能离开柜台。

3. 取款人在清点现金时的注意事项

一般来说，取款人在清点现金时，要注意以下几点：

（1）清点现金，特别是在单位清点时，最好由两人以上同时进行。

（2）清点现金应逐捆、逐把、逐张进行。

（3）清点时不能随意混淆或丢弃每一把的腰纸，只有将全捆所有把数清点无误后，才可以将每把的腰纸连同封签一起扔掉。

（4）在清点时发现有残缺、损伤的票币以及假钞，应向银行要求调换。

（5）所有现金在清点无误后才能发放使用，切忌一边清点一边发放，否则一旦发生差错，将无法查清。

（6）在清点过程中，特别是回单位清点过程中，如果发现确有差错，应将所取款项保持原状，通知银行经办人员，妥善进行处理。

4. 现金支票提取现金的会计分录

各单位用现金支票提取现金，应根据支票存根编制银行存款付款的凭证，其贷方科目自然为"银行存款"，其借方科目则为"库存现金"，相应地，其会计分录为：

借：库存现金

　　贷：银行存款

各单位需要用现金发放工资，或者其库存现金小于库存现金定额而需要用现金补足时，除了按规定可以用非业务性现金收入补充以及国家规定可以坐支的以外，均应按规定从银行提取现金。

5. 现金送存的一般程序

各单位对当天收入的现金或超过库存限额的现金，应及时送存开户银行。现金送存的一般程序为：

（1）整点票币。纸币要平铺整齐，每百张为一把，每十把为一捆，以此类推，用纸条在腰中捆扎好，余为零头；硬币每百枚或五十枚为一卷，十卷为一捆，不足一卷为零头；最后合计出需要存款的金额。

（2）填写现金进账单（缴款单）。

（3）向银行提交进账单和整点好的票币，票币要一次性交清，当面清点。如有差异，应当面复核。

（4）开户银行受理后，在现金进账单上加盖"现金收讫"和银行印鉴后退回交款人一联，表示款项已收妥。

（5）根据银行退回盖有"现金收讫"和银行印鉴的一联现金进账单，编制记账凭证。

（6）根据记账凭证登记现金日记账。

6．送存现金时的注意事项

出纳人员在送存现金时，应注意以下事项：

（1）交款人最好是现金整理人，这样可以避免发生差错时难以明确责任。

（2）凡经整理好准备送存银行的现金，在填好"现金送款簿"后，一般不宜再调换票面，如确需调换的，应重新复点，同时重新填写"现金送款簿"。

（3）送存途中必须注意安全，当送存金额为较大的款项时，最好用专车，并派人护送。

（4）临柜交款时，交款人必须与银行柜台收款员当面交接清点，做到一次交清，不得边清点边交款。

（5）交款人交款时，如遇到柜台较为拥挤，应按次等候。等候过程中，应做到钞票不离手，不能置于柜台之上，以防发生意外。

7．现金解款单的内容

现金解款单为一式三联或一式二联。现金解款单三联单的内容有：

（1）第一联为回单，此联由银行盖章后退回存款单位，见表 5－1：

表 5－1　　　　　　　中国××银行　解款单（回单）

科目：　　　　　　　年　　月　　日　　　　　　　对方科目：

款项来源		收款人	全称								
解款部门			账号								
人民币（大写）：					万	千	百	十	元	角	分
票面	张数	票面	张数	种类	百	十	元	角	分		
一百元		五元		角票							
五十元		二元		分币							
十元		一元		封包		（收款银行盖章）						

此联由银行盖章后退回单位

（2）第二联为收入凭证，此联由收款人开户银行作凭证，见表 5－2：

表5-2　　　　　　　　中国××银行　解款单（收入凭证）

	总　字　　　第　号
年　　月　　　日	现金日记账顺序　记

款项来源		收款人	全称							附件
解款部门			账号							

人民币（大写）：		万	千	百	十	元	角	分	张

票面	张数	票面	张数	种类	百	十	元	角	分	会计分录：
一百元		五元		角票						（贷）_____
五十元		二元		分币						对方科目:（借）_____
十元		一元		封包						会计　　记账
									（收款银行盖章）	复核　　出纳

（3）第三联为附联，作附件用，属银行出纳留底联，见表5-3：

表5-3　　　　　　　中国××银行　解款单（附联）

科目：　　　　　　　　年　　月　　　日　　　　　　　对方科目：

款项来源		收款人	全称							作附件
解款部门			账号							

人民币（大写）：		万	千	百	十	元	角	分	

票面	张数	票面	张数	种类	百	十	元	角	分	会计分录：
一百元		五元		角票						（贷）_____
五十元		二元		分币						对方科目:（借）_____
十元		一元		封包						会计　　记账
									（收款银行盖章）	复核　　出纳

8. 填写现金解款单的注意事项

出纳人员在填写现金解款单时，必须注意以下几点：

（1）要用双面复写纸复写。

（2）交款日期必须填写交款的当日。

（3）收款人名称应填写全称。

（4）款项来源要如实填写。

（5）大小写金额的书写要标准。

（6）券别和数额栏按实际送款时各种券面的张数或券枚填写。

9. 送存现金后的会计分录

（1）由出纳人员送存银行的记账。如果现金由出纳人员汇总后送存银行，在收到现金时，财务部门应根据实际情况编制如下会计科目：

借：库存现金

　　贷：主营业务收入

（2）取回"现金送款簿"后的记账。交款人将现金送存银行并取回"现金送款簿"（回单联）后，财务部门应根据"回单联"填制现金付款凭证，其贷方科目当然为"库存现金"，其借方科目则为"银行存款"，其会计分录为：

借：银行存款

　　贷：库存现金

（3）由企业柜台直接送存银行的记账。如果现金不是由出纳人员汇总后送存银行，而是由企业柜台直接送存银行，财务部门则应根据"现金送款簿"（回单联）直接编制银行存款收款凭证，其借方科目当然为"银行存款"，贷方科目具体情况而定，会计分录如下：

借：银行存款

　　贷：主营业务收入

各单位必须按开户银行核定的库存限额保管或使用现金，收取的现金和超出库存限额的现金，应及时送存银行。

【边学边问】 我初接触出纳岗位，每个月的资金需求如何计算呢？

解析：以工业企业为例：

先把日常发生的费用，比如：车费、通信费、办公费等，根据以前发生的金额有规律的估计一个预算数额。做为这个时期的费用支出预算。

再想想是不是还要买一些生产材料，这要和生产部的统计或是负责人沟通交流。做购入材料资金预算。

还有要不要买大型设备固定资产等这都需要和各个部门联系确认并估计。

如果公司是商品流通公司就把费用支出做好就可以了。

如何管理现金

从宏观上讲，现金管理是指国家银行按照国家方针、政策及有关规章制度对在银行和其他金融机构开立账户的机关、团体、部队、企业、事业单位现金使用的范围和数量的控制。从微观上讲，现金管理是指各单位对自身的现金收、付、存的管理。

按照现行制度规定，国家有关部门对企业使用现金有如下规定：

①现金的使用范围。这里的现金，是指人民币现钞，即企业用现钞从事交易，只能在一定范围内进行。该范围包括：支付职工工资、津贴；支付个人劳务报酬；根据国家规定颁发给个人的科学技术、文化艺术、体育等各种奖金；支付各种劳保、福利费用以及国家规定的对个人的其他支出；向个人收购农产品和其他物品的价款；出差人员必须随身携带的差旅费；结算起点（1 000 元）以下的零星支出；中国人民银行确定需要支付的其他支出。

②规定了库存现金金额。企业库存现钞，由其开户银行根据企业的实际需要核定限额。一般以 3~5 天的零星开支额为限。

③不得坐支现金。即企业不得从本单位的人民币现钞收入中直接支付交易款。现钞收入应于当日终了时送存开户银行。

④不得出租、出借银行账户。

⑤不得签发空头支票和远期支票。

⑥不得套用银行信用。

⑦不得保存账外公款，包括不得将公款以个人名义存入银行和保存账外现钞等各种形式的账外公款。

而为了提高现金使用效率，达到资金的效用最大化，财务人员应当力争做好以下几点：

①力争现金流量同步。如果企业能尽量使它的现金流入与现金流出发生的时间趋于一致，就可以使其所持有的交易性现金余额降低到最低水平。这就是

所谓现金流量同步。

②使用现金浮游量。从企业开出支票，收票人收到支票并存入银行，银行将款项划出企业账户，中间需要一段时间。现金在这段时间的占用称为现金浮游量。在这段时间里，尽管企业开出了支票，却仍可动用在活期存款账户上的这笔资金。不过，在使用现金浮游量时，一定要控制好使用时间，否则会发生银行存款透支。

③加速收款。这主要指缩短应收账款的时间。发生应收款会增加企业资金占用，但它又是必要的，因为它可以扩大销售规模，增加销售收入。问题在于如何既利用应收吸引顾客，又缩短收款时间。这要在两者之间找到适当的平衡点，并需要实施妥善的收账策略。

④推迟应付款的支付。推迟应付款的支付，是指企业在不影响自己已有的信誉的前提下，尽可能地推迟应付款的支付期，充分运用供货方所提供的信用优惠。如遇企业急需现金，甚至可以放弃供货方的折扣和优惠，在信用期的最后一天支付款项。当然，这要权衡折扣优惠与急需现金之间的利弊得失而定。现金管理的具体内容包括：

1. 现金支出管理

现金支出的管理，主要是对现金使用范围及其现金支出的程序和凭证的合法性管理。

（1）现金支付的原始凭证。现金支付业务的原始凭证可分为外来原始凭证和自制原始凭证。

外来原始凭证是由于向外购货或接受劳务服务，而由供货方或提供劳务服务方填写原始凭证。自制原始凭证，是由本单位在发生付款业务时由本单位统一制作或外购并填开的原始凭证。常见的付款原始凭证有以下几种：

①工资表。工资表是各单位按月向职工支付工资的原始凭证。出纳人员按每个员工的工资数计算工资总额，通过银行办理，并附以工资发放清单。

②报销单。报销单是各单位内部有关人员为单位购买零星物品，接受外单位或个人劳务费或服务而办理报销业务，以及单位职工报销医药费、托补费等使用的单据。

③借款收据。一般适用于单位内部所属机构为购买零星办公用品，或职工因公出差等原因向出纳员借款时的凭证。

④领款收据。领款收据是本单位职工向单位领取各种非工资性奖金、津贴、补贴、劳务费和其他各种现金款项及其他单位或个人向本单位领取各种劳务费、服务费时填制的，作为付款凭证的凭证。

⑤旅费借款、报销单。出差人员预先借差旅费可以使用差旅费借款结算单作为原始凭证。

（2）现金支出的基本程序。

①填制原始凭证。出纳人员认真填制现金支出原始凭证，经有关人员签字盖章，对原始凭证进行认真审核，确认原始凭证真实、合法、准确。

②编制记账凭证。出纳人员根据审核无误的原始凭证编制记账凭证。

③根据审核无误的收、付款记账凭证登记现金日记账。

（3）现金支出的内容。

①工资。按照国家有关规定，工资总额应包括计时或计件工资、奖金、津贴、补贴、加班加点工资。但不包括以下内容：

●根据国务院发布的有关规定颁布的创造发明奖、自然科学奖、科学技术进步奖支付的合理化建议和技术进步奖，以及支付运动员和教练员奖金。

●有关劳动保险和职工福利费用；离、退休人员待遇；劳动保护各项支出。

●稿费、讲课费及其专门工作报酬。

●出差伙食补助费，误餐补助，调动工作的差旅费和安家费。

●对购买本企业股票和债券的职工所支付的股息。

●劳动合同制职工解除劳动合同时由企业支付的医疗补助费、生活补助费。

●支付计划生育独生子女补贴。

②差旅费的报销。单位工作人员因公出差需借支差旅费，应先到财务部门领取并填写借款单，按照借款单所列内容填写完整，然后送所在部门领导和有关部门人员审查签字。出纳人员根据自己的职权范围，审核无误后给予现金支付。出差人员回来后，应持各种原始凭证至出纳人员处报销，出纳人员要熟知差旅费的开支范围、标准和方法。

③差旅费以外的其他费用。各单位内部有关人员进行零星物品采购或单位职工支付医药费等费用，可持原始凭证到出纳处，出纳人员认真审核这些开支是否符合各种规定，是否有有关人员或部门批准后予以报销。出纳人员依据批准报销的金额支付现金，在原始凭证上加盖"现金付讫"印章，并依此原始凭

证编制记账凭证，登记日记账。

④备用金的预借。单位内部人员需领用备用金时，一般由经办人填写借款单据。借款单据可采用一式三联式凭证，第一联为付款凭证，财务部门作为记账依据；第二联为结算凭证，借款期间由出纳人员留存，报销时作为核对依据，报销后随同报销单据作为记账凭证的附件；第三联交借款人员保存，报销时由出纳人员签字后作为借款结算及时交回借款的收据。

⑤备用金的报销。备用金可以分为定额备用金和非定额备用金两种。

定额备用金，是指单位经常使用备用金的内部各部门或工作人员用作零星开支、零星采购、售货找零或差旅费等，实际需要核定一个现金数额，并保证其经常保持核定的数额。

非定额备用金，是指单位对非经常使用备用金的内部各部门或工作人员，根据每次业务所需备用金的数额填制借款凭证，向出纳人员预借现金，使用后凭发票等原始凭证一次性到财务部门报销，多退少补，一次结清，下次再用时重新办理借款手续。

（4）现金付款凭证的复核。现金付款凭证是出纳人员办理现金支付业务的依据。出纳人员对之应进行认真、细致的复核，其复核方法及基本要求与现金收款凭证相同。出纳人员在复核现金付款凭证时应注意以下几点：

①对于涉及现金和银行存款之间的收付业务，只填制付款凭证，不填制收款凭证。如将当日营业款送存银行，制单人员根据现金解款单（回单）编制现金付款凭证，借方账户为银行存款，贷方账户为现金，不再编制银行存款收款凭证。

②发生销货退回时，如数量较少，且退款金额在转账起点以下，需用现金退款时，必须取得对方的收款收据，不得以退货发货票代替收据编制付款凭证。

③从外单位取得的原始凭证，如遗失，应取得原签发单位盖有有关印章的证明，并注明原始凭证的名称、金额、经济内容等，经单位负责人批准，方可代替原始凭证。

2. 现金收入管理

单位现金收入的来源，主要包括零售产品销售收入、各种业务收入以及其他的零星收入。现金收入的管理就是要求各单位现金收入要合法，而且现金收入都应送存银行，需要的现金支出，一律从银行提取，不得任意"坐支"。

（1）现金的收入范围。各单位现金的收入主要有两条渠道：从银行提取现金和日常业务收入的现金。根据我国现金管理制度的规定，日常业务的现金收入范围有：

①出售给国有单位、集体单位或私营单位的产品、材料及其他物资或提供劳务，业务咨询、信息等方面，不能通过转账办理结算手续的收入。

②出售给个人的商品的现金收入。

③职工借用的备用金报销后退回的余款。

④其他应收取的利用现金结算的款项。

（2）现金收入管理的基本规定。

①现金收入必须合法合理。各单位的现金收入有很多种来源，不管是哪种来源，都必须做到合法合理。从银行提取现金时，应在国家规定的使用范围和限额内开出现金支票，并注明用途，由本单位财务部门负责人签字和盖章，经开户银行审核后，才能支取。任何单位都不得编造用途套取现金。

在日常业务中收入现金时，必须符合国家制定的现金收入范围，不得在出售商品和金额超过结算起点时，拒收银行结算凭证而收取现金，或按一定比例搭配收取现金等。

②现金收入手续必须严格。为了防止差错和引起纠纷，收入现金时必须坚持先收款，当面清点现金无误后，再开给交款人"收款收据"，不能先开收据后收款。

一切现金收入都应开具收款收据，即使有些现金收入已有对方付款凭证，也应开出收据给交款人，以明确经济责任；收入现金时，签发收据和经手收款，按要求也应当分开，以防作弊。

③现金收入要坚持一笔一清。现金收入时，要清点完一笔，再清点另一笔，几笔收款不能一起办理，以免互相混淆或调换；一笔款项未办理妥当，出纳不得离开座位；收款过程应在同一时间内完成，不准收款后，过一段时间再来开收据；对已完成收款的收据应加盖"现金收讫"字样。

④现金收入要及时送存银行。根据《现金管理暂行条例》规定："开户单位现金收入应当于当日送存开户银行，当日送存确有困难的，由开户银行确定送存时间。"因而，各单位收入现金后，都应及时送存银行，不准擅自从收入的

现金中坐支现金。

（3）企业现金管理的"八不准"。按照《现金管理暂行条例》及其实施细则的规定，企业、事业单位和机关、团体、部队现金管理应遵守"八不准"。这八不准是：

①不准用不符合财务制度的凭证顶替库存现金。

②不准单位之间相互借用现金。

③不准谎报用途套取现金。

④不准利用银行户代其他单位和个人存入或支取现金。

⑤不准将单位收的现金以个人名义存入储蓄。

⑥不准保留账外公款（即小金库）。

⑦不准发行变相货币。

⑧不准以任何票券代替人民币在市场上流通。

（4）现金收入的处理程序。现金收入的处理程序，指现金收入过程中的处理步骤和规则。

①从银行提取现金。各单位应在银行规定的现金使用范围办理提取现金业务。

②出纳向外单位或顾客直接收款。

③收款员、营业员收款后交出纳人员。

在零售商店、门市部和旅游饮食服务业单位，由于收款业务比较频繁，一般都采取由营业员分散收款或由收款员集中收款后，每日再定时向出纳缴款。

（5）现金收入的审核。现金收款凭证是出纳人员办理现金收入业务的依据。为确保收款凭证的合法、真实和准确，出纳人员在办理每笔现金收入前，都必须首先复核现金收款凭证，要求认真复核以下内容：

①现金收款凭证的填写日期是否正确，现金收款凭证的填写日期应为编制收款凭证的当天，不得提前或推后。

②现金收款凭证的编号是否正确，有无重号、漏号或不按日期顺序编号等情况。

③现金收款凭证记录的内容是否真实、合法、准确，其摘要栏的内容与原始凭证反映的经济业务内容是否相符。

④使用的会计科目是否正确。

⑤复核收款凭证的金额与原始凭证的金额是否一致；原始凭证大小写金额是否相同，有无印章。

⑥复核收款凭证"附单据"栏的张数与所附原始凭证张数是否相符。

⑦收款凭证的出纳、制单、复核、财务主管栏目是否签名或盖章。

3. 现金库存的管理

现金库存的管理，主要是对库存现金及其限额的管理。它包括库存现金安全性的保证、库存现金限额不得突破等内容。

（1）单位收入的现金不准以个人储蓄存款方式存储。单位收入的所有现金应由财会部门统一管理，存储在财会部门或开户银行，无论是收入的利息归单位所有还是归个人所有，都不能以个人储蓄方式存入银行。

（2）不能以"白条"抵库。所谓"白条"，是指没有审批手续的凭据。因此"白条"不能作为记账的依据。"白条"具有很多的危害性，主要表现在以下几个方面：

①用"白条"顶抵现金，使实际库存现金减少，日常零星开支所需的现金不足，还往往会使账面现金余额超过库存现金限额。

②用"白条"支付现金，付出随意性大，容易产生挥霍浪费、挪用公款等问题，付出后不能及时进行账务处理，不便于进行财务管理。

③"白条"一般不便于管理，一旦丢失，无据可查，难以分清责任，有时会给单位或个人造成不应有的损失。

（3）不准设"账外账"和"小金库"。"账外账"，是指有的单位将一部分收入没有纳入财务统一管理，而是在单位核算账簿之外另设一套账来记录财务统管之外的收入。"账外账"有的是财会部门自己设置的，也有的是单位其他部门、小单位设置的。"小金库"又称"小钱柜"，是单位库存之外保存的现金和银行存款，一般情况下与单位设置的"账外账"'相联系，有"账外账"就有"小金库"，有"小金库"就有"账外账"。

设置"账外账"和"小金库"是侵占、截留、隐瞒收入的一种违法行为，为各种违法违纪提供了条件，危害性极大，必须坚决予以取缔。

（4）库存现金的清查。为了保证账实相符，防止现金发生差错、丢失、贪污等，各单位应经常对库存现金进行核对清查。库存现金的清查包括出纳每日的清点核对和清查小组定期或不定期的清查。

现金清查的基本方法是实地盘点库存现金的实存数，再与现金日记账的余额进行核对，看是否相符。清查现金时，应注意以下几个方面：

①以个人或单位名义借款或取款而没有按手续编制凭证的字条（即白条），不得充抵现金。

②代私人存放的现金等，如事先未作声明又无充分证明的，应暂时封存。

③如发现私设的"小金库"，应视作溢余，另行登记，等候处理。

④如果是清查小组对现金进行清点，一般都采用突击盘点，不预先通知出纳；盘点时间最好在一天业务没有开始之时或一天业务结束后，由出纳将截止清查时现金收付款项全部登记入账，并结出账面余额，这样可以避免干扰正常的业务。

⑤清查时，出纳应在场提供情况，积极配合，清查后，应由清查人员填制"现金盘点报告表"，列明现金账存、实存和差异的金额及原因，并及时上报有关负责人。

⑥现金清查中，如果发现账实不符，应立即查找原因，及时更正，不得以今日长款弥补它日短款。

4. 现金核算的管理

现金核算的管理，主要是指在现金的收、付、存业务活动中，要严格按照会计准则和会计制度的要求进行核算，全面、系统、连续地计量、记录，反映现金的收、付、存业务活动，为单位的其他会计核算和经济管理提供现金的准确信息。

【边学边问】怎样处理银行汇票结算时的手续费？

解析：进行商品交易、劳务供应和其他经济活动及债权、债务等各种款项的结算时可以使用银行汇票。银行汇票可以用于转账，填明"现金"字样的银行汇票也可以支取现金。

单位内部供应部门或其他业务部门因业务需要使用银行汇票时，应填写银行汇票请领单，经单位领导审批同意后，由财务部门按规定向签发银行提交"银行汇票委托书"，并在"银行汇票委托书"上加盖汇款人预留银行印鉴，由银行审查后签发银行汇票；汇款单位财务部门收到签发银行签发的"银行汇票联"和"解讫通知联"后，根据银行盖章退回的"退行汇票委托书"第一联存款联编制银行存款付款凭证。

办理银行汇票业务，每笔业务银行收取 1 元手续费，邮电费按邮电部门标准收取。

银行收取的手续费和邮电费，汇款单位可用现金支付，也可从其账户中扣收，编制付款凭证，借记"财务费用"科目，贷记"现金"或"银行存款"科目。

如何管理有价证券

1. 什么是有价证券

证券是以证明或设定权利为目的而做成的凭证。有价证券，是指具有一定票面价格，能够给它的持有人定期带来收入的所有权或债权凭证，包括股票、债券等。

（1）股票。指股东向股份公司投资入股的凭证，它代表本公司的股权，可凭股票分取利润或红利。它是股份有限公司签发的证明，股东可按其所持股份享有权利和承担义务。

（2）债券。主要指政府债券、公司债券、企业债券和金融债券。

①政府债券。主要指政府发行的国库券。它是国家筹集财政资金、平衡财政收支的重要手段。它由国家通过国库直接发行，是国家向各单位和城乡居民筹借建设所需资金的一种方式。国库券不能用来购买商品，不准在市场上流通。城乡居民个人购买的国库券，按规定可以办理贴现。无论是单位购买还是城乡居民个人购买，国家均按规定利率付给利息，利息按单利计算。

②公司债券。主要是指公司依照法定程序发行的、约定在一定期限还本付息的有价证券。其发行主体只限于股份有限公司、国有独资公司、两个以上的国有企业或两个以上的国有投资主体设立的有限责任公司。

③企业债券。主要是指非公司制企业依照法定程序发行的、约定在一定期限内还本付息的有价证券。其发行主体是具有法人资格的企业。

④金融债券。主要是各专业银行为平衡自身的信贷收支，面向社会发行的债券。目前有普通金融债券、贴水金融债券和累进利息金融债券。

（3）其他有价证券。包括邮票、提货单、各种收付票据等。其中提货单、各种收付款票据，严格来说不是有价证券，但却具有有价证券的作用，因此在实际工作中应该视同有价证券进行管理。

2. 投资有价证券的目的

当持有超过正常经营活动所需要的多余现金时，企业会将多余的现金投资购买有价证券。主要目的有以下两点：

（1）作为现金的替代物。有价证券在流通过程中具有与现金相似的性质，即变现能力非常强。因此，许多企业拥有大量的有价证券，而不是直接持有现金。当现金流出量大于流入量，现金需求量增加时，企业可将有价证券转换为现金，以补充现金的不足。持有有价证券，同样可以达到企业置存现金的目的。

（2）作为短期投资手段。企业用暂时闲置的现金进行短期证券投资，是因为有价证券的利率一般都会高于银行存款利率，这样不仅可以保证流动资产处于高峰时对现金的需求，而且还能够获得比现金存入银行时更多的收益。

3. 有价证券的收付

有价证券的收付，要根据审核无误的原始凭证填制记账凭证，再据以登记账簿。在发出和兑付有价证券的过程中，出纳人员需要注意以下几点：

（1）根据合法的记账凭证进行收付。出纳人员对于各项有价证券，应根据合法的记账凭证进行收付。依记账凭证执行收付后，收付有价证券人员及出纳人员应在记账凭证上签章，以示收讫或付讫。

（2）通知会计部门。出纳人员收到各项有价证券时，应通知会计部门核验，并存入保险柜。

（3）注意到期日期。出纳人员应随时注意各项有价证券的到期日期，按期兑取本息后，随即填单或书面通知会计部门编制记账凭证。兑付有价证券时，出纳人员应严格按照出纳制度的规定，凭会计记账的有价证券兑付凭证办理。

（4）核对有价证券。每日营业终了，应将已兑付的有价证券，按种类、张数、本息总数与有关科目进行核对。账实相符以后，按种类、券别汇总填制有关有价证券表外科目传票，并登记"待销毁有价证券登记簿"，将回收的已兑付有价证券按种类、券别填制"交接登记簿"入库保管。

4. 有价证券的保管

有价证券是价值较大的资产，容易成为被偷盗、套取和挪用的对象，是管理的重点和难点。有价证券的保管同现金的保管基本一样，同时要对各种有价证券的票面额和号码保守秘密。为掌握各种债券到期时间，应建立"认购有价证券登记簿"。认购有价证券登记簿格式见表 5 - 4：

表 5-4 认购有价证券登记簿

证券种类： 第 号

发行年度	期次	面额	利率	张数	号码		入库依据	兑换日期			兑换本息		
					起	止		年	月	日	本金	利息	合计

5. 保管有价证券的注意事项

出纳在保管有价证券时，应注意以下几点：

（1）按照有关制度规定，实行"账、证分管"：由会计部门管账、出纳部门管证；相互牵制、相互核对。

（2）会计部门对各种有价证券，必须根据"有价证券调拨单"所列票面金额纳入表外科目核算，出纳部门入库保管，并按单证种、券别设户记载"有价证券保管登记簿"，建立账实核对制度。

（3）出纳入库保管的有价证券，其出入库手续及各种核对手续视同人民币保管。各种有价证券要分类整齐地排放在专设的保管箱内保管。

（4）对有价证券也应随时或定期抽查盘点。

（5）办理有价证券的出纳不得由非专业人员充任；不得兼任其他机构有关财务会计职务；不得对外做财务方面的保证。

现金收付款凭证的复核

1. 现金收款凭证的复核

（1）现金收款凭证是出纳人员办理现金收入业务的依据。为确保收款凭证的合法、真实和准确，出纳人员在办理每笔现金收入前，都必须首先复核现金收款凭证，要求认真复核以下内容：

①现金收款凭证的填写日期是否正确。现金收款凭证的填写日期应为编制收款凭证的当天，不得提前或推后。

②现金收款凭证的编号是否正确。有无重号、漏号或不按日期顺序编号等情况。

③现金收款凭证记录的内容是否真实、合法、准确，其摘要栏的内容与原始凭证反映的经济业务内容是否相符。

④使用的会计科目是否正确。

⑤复核收款凭证的金额与原始凭证的金额是否一致。原始凭证大小写金额是否相同，有无印章。

⑥复核收款凭证"附单据"栏的张数与所附原始凭证张数是否相符。

⑦收款凭证的出纳、制单、复核、财务主管栏目是否签名或盖章。

（2）现金收入按其性质分为4类。

①业务收入，如企业的营业收入，事业单位的业务收入，机关、团体等的拨款收入等。

②非业务收入，如企业单位的投资收入、营业外收入，事业单位的其他收入等。

③预收现金款项，如企业事业单位按照合同规定预收的定金等。

④其他收入现金款项。

对以上收入的业务，在收到现金时，都应按规定编制现金收款凭证，其借方科目自然为"库存现金"等，其贷方科目则应根据收入现金业务的性质和会计制度的规定来确定。

以下是常见的现金收款业务：

【例5－1】A商业企业销售商品收到现金5 000元。会计分录为：

借：库存现金   5 000

    贷：主营业务收入   4 273.50

        应交税费——应交增值税（销项税额）   726.50

【例5－2】B工业企业销售产品一件，单价600元，增值税36元，收到现金636元。会计分录为：

借：库存现金　　　　　　　　　　　　　　　　　636
　　贷：主营业务收入　　　　　　　　　　　　　　600
　　　　应交税费——应交增值税（销项税额）　　　36

【例5－3】C 企业出租包装物，收到租金1 000 元现金，有关会计分录为：

借：库存现金　　　　　　　　　　　　　　　　　1 000
　　贷：其他业务收入　　　　　　　　　　　　　　1 000

【例5－4】D 企业股票投资收到现金股利2 000 元，有关会计分录为：

借：库存现金　　　　　　　　　　　　　　　　　2 000
　　贷：投资收益（或长期股权投资）　　　　　　　2 000

【例5－5】E 企业将一台回收的残料价值800 元的报废设备出售，收到现金，有关会计分录为：

借：库存现金　　　　　　　　　　　　　　　　　800
　　贷：固定资产清理　　　　　　　　　　　　　　800

【例5－6】F 公司12 月31 日在清查中发现库存现金短缺300 元，经查是出纳员王某工作失误造成的，按规定由王某赔偿。在这种情况下应先做付款凭证，其会计分录为：

借：其他应收款——现金短款（王某）　　　　　　300
　　贷：库存现金　　　　　　　　　　　　　　　　300

在收到赔款时，应编制现金收款记账凭证，其贷方科目为其他应收款，其会计分录为：

借：库存现金　　　　　　　　　　　　　　　　　300
　　贷：其他应收款——现金短款（王某）　　　　　300

【例5－7】G 公司仓库产品发生霉烂变质，造成损失800 元，经查明为保管员王某失职造成，按规定应由王某赔偿损失并罚款200 元。实际发生责任事故时，由会计人员编制如下会计分录（未考虑增值税进项税额）：

借：其他应收款——财产赔款　　　　　　　　　　800
　　贷：待处理财产损溢——待处理流动资产损溢　　800

实际收到王某交来的赔款和罚款金时，应编制现金收款记账凭证，做如下会计分录：

借：库存现金   1 000

  贷：其他应收款——财产赔款   800

    营业外收入   200

2. 现金付款凭证的复核

（1）对于涉及现金和银行存款之间的收付业务，只填制付款凭证，不填制收款凭证。

如将当日营业款送存银行，制单人员根据现金解款单（回单）编制现金付款凭证，借方账户为银行存款，贷方账户为现金，不再编制银行存款收款凭证。

（2）发生销货退回时，如数量较少，且退款金额在转账起点以下，需用现金退款时，必须取得对方的收款收据，不得以退货发货票代替收据编制付款凭证。

（3）从外单位取得的原始凭证如遗失，应取得原签发单位盖有有关印章的证明，并注明原始凭证的名称、金额、经济内容等，经单位负责人批准，方可代替原始凭证。

支现的经济业务主要包括工资、奖金、退休金以及各种福利补贴支现、差旅费支现、医药费支现、部门领取备用金支现、日常零星的其他支出等，现举例介绍现金支付业务的账务处理。

【例5－8】本单位技改中心开办期间支付办公费3 000元（现金），注册登记费1 000元（现金）。会计分录如下：

借：长期待摊费用   4 000

  贷：库存现金   4 000

【例5－9】29 日，职工曾某出差归来，报销差旅费450 元，补给现金50 元，结清原借款400 元，此款已入账。会计分录如下：

借：管理费用   450

  贷：其他应收款——曾某   400

    库存现金   50

【例5－10】光明工厂对行政科采用非定额备用金制度，行政科购买办公用品预借备用金800 元。预借时，会计部门根据借款凭证编制现金付款凭证，会计分录为：

借：其他应收款——备用金（行政科）   800

  贷：库存现金   800

行政科购买办公用品700元后凭发票和验收入库单到财务部门报销，交回多余现金100元，会计部门编制转账凭证一张，会计分录为：

借：管理费用   700

      库存现金   100

         贷：其他应收款——备用金（行政科）   800

出纳员收回多借的现金100元。如果行政科实际购买办公用品880元，自己垫付了80元，则在报销时，会计人员要按规定编制转账凭证一张，会计分录为：

借：管理费用   880

         贷：其他应收款——备用金（行政科）   800

            库存现金   80

出纳员应付给行政科现金80元，退还经办人员垫付的现金。

【例5-11】公司用现金支付本单位李某医药费300元。会计分录为：

借：应付职工薪酬   300

         贷：库存现金   300

【例5-12】公司用现金支付报废固定资产的清理费用1 000元。会计分录为：

借：固定资产清理   1 000

         贷：库存现金   1 000

【边学边问】员工出差如果不给补助，那么在外地的一切费用都可以报销吗？如饭费、矿泉水等，还有招待客人的费用都可以走差旅费吗？飞机票也可以报吗？

解析：一是企业可以自己内部制定出差时各项费用的报销标准：即什么情况下、什么职位的员工可以坐飞机，什么情况下只能坐火车，汽车；误餐费用标准是多少钱一顿，这些标准都是可以由企业内部去制定的，然后员工实际发生上述费用时，由出差人凭相应的税务发票以及企业的限额标准报销即可，出差补助也是同样的思路，即由企业制定相应的标准即可。二是招待客人的餐费应该在业务招待费科目中核算，不计入差旅费中。

第 6 招

银行存款管理秘诀

本章主要内容

☆ 银行存款内部控制制度

☆ 银行账户管理

☆ 支票结算

☆ 本票结算

☆ 银行汇票结算

☆ 商业汇票结算

☆ 汇兑结算

☆ 委托收款结算

☆ 托收承付结算

☆ 信用卡结算

银行存款内部控制制度

银行存款的内部控制制度，就是指企事业单位为维护银行存款的完整性，确保银行存款会计记录正确而对银行存款进行的审批、结算、稽核调整的自我调节和监督。

1. 建立内部控制制度的原则

建立内部控制制度的原则，是指企业建立和设计内部控制制度时所必须遵循的客观规律和基本法则。它主要包括以下四个基本原则：

（1）内部牵制原则。这是指分离不相容职务，在各部门、各岗位之间建立起一种相互验证或同见共证的关系。

①不相容职务，就是指由一个人从事就会产生差错或舞弊的职务。

②分离不相容职务，就是对每项经济业务所分成的授权、主办、核对、执行和记录等几个步骤，不能同时交由一个人办理，以减少任何人掩饰错误或进行舞弊活动的机会。

（2）程式定位原则。这是指根据各部门、各岗位的职能和性质，划分其工作范围，赋予其相应的权利和责任，规定其相应的操作程序和处理办法，确定其检查标准和纪律规范，以保证事事有人管，人人有专责，从而达到切实实施各项内部控制措施的目的。

（3）系统网络原则。这是指将各部门和各岗位形成互相依存、互相制约的统一体，促进各岗位、部门的协调，发挥内部控制制度的总体功能，实现内部控制制度的总体目标。

（4）成本效益原则。这是指内部控制制度的设置成本应小于其所带给单位的经济利益，力争以最小的控制成本取得最大的控制利益。该原则是任何现代经济管理和规范程序都应考虑的原则。

2. 银行存款内部控制的内容

单位内部完善的银行存款控制制度，应当包括以下 8 个控制点，并围绕它们展开行之有效的银行存款内部控制。

（1）审批。这是指单位主管或银行存款业务发生部门的主管人员，对将要发生的银行存款收付业务进行审查批准，或是授权银行存款收支业务经办人，并规定其经办权限。审批一般以签字盖章方式表示。该过程主要为保证银行存款的收支业务要在授权下进行。

（2）结算。这是指出纳人员复核了银行存款收付业务的原始凭证后，应及时填制或取得结算凭证，办理银行存款的结算业务，并对结算凭证和原始凭证加盖"收讫"或"付讫"戳记，表示该凭证的款项已实际收入或付出，避免重复登记。

（3）分管。这是指银行存款管理中不相容职务的分离，如支票保管职务与印章保管职务相分离，银行存款总账与明细账登记相分离，借以保障银行存款的安全。

（4）审核。这是指在编制银行收款凭证和付款凭证前，银行存款业务主管会计应审核银行存款收付原始凭证基本内容的完整性，处理手续的完备性以及经济业务内容的合规、合法性；同时，还要对结算凭证的上述内容进行审核，并把它与原始凭证相核对，审核其一致性，然后签字盖章。该环节的目的是为了保证银行存款收支业务记录的真实性、核算的准确性和银行存款账务处理的正确性。

（5）稽核。这是指记账前稽核人员、审核人员审核银行存款收付原始凭证和收付款记账凭证内容的完整性，手续的完备性和所反映经济内容的合法、合规性；同时对这些凭证的一致性进行审核，并签字盖章以示稽核。该环节的目的是为了保证证证相符以及对银行存款记录和核算的正确性。

（6）记账。这是指出纳人员根据审核、稽核无误的银行存款收、付款凭证登记银行存款日记账，登记完毕，核对其发生额与收款凭证、付款凭证的合计金额，并签字盖章表示已经登记。银行存款总账会计根据审核、稽核无误的收款凭证、付款凭证或汇总的银行存款收付款凭证，登记银行存款总账，登记完毕，核对其发生额与银行收款凭证和付款凭证或银行存款汇总记账凭证的合计金额，并签字盖章表示已经登记。该环节用以保证账证相符以及银行存款账务处理的正确性。

（7）对账。这是指在稽核人员监督下，出纳人员与银行存款总账会计对银行存款日记账和银行存款总账的发生额和余额相核对，并互相取得对方签证以对账。该环节的目的是为了保证账账相符，保证会计资料的正确性、可靠性以及银行账务处理的正确性。

（8）调账。这是指银行存款主管会计定期根据银行对账单对银行存款日记账进行核对，编制"银行存款余额调节表"，并在规定的天数内对各未达账项进行检查。该环节的目的是保证企业的银行存款账与银行账相符，保证会计信息的准确性和及时性。

3. 如何实施银行存款内部控制

在实施银行存款内部控制时，各单位应根据自身特点，设定合理的控制点，制定符合自身情况的、健全的银行存款内部控制制度。

（1）授权与批准。建立银行存款的内部控制制度，首先要确立授权与批准的制度，即银行存款收付业务的发生，需要经单位主管人员或财务主管人员或总会计师的审批，并授权具体的人员经办。

（2）职责区分，内部牵制。该程序也就是有关不相容职务由不同的人承担，体现钱账分管、内部牵制等原则。其具体程序包括：

①银行存款收付业务授权与经办、审查、记账要相分离。

②银行存款票据保管与银行存款记账职务要相分离。

③银行存款收付凭证填制与银行存款日记账的登记职务相分离。

④银行存款日记账和总账的登记职务相分离。

⑤银行存款各种票据的保管与签发职务相分离，其中包括银行单据保管与印章保管职务相分离。

⑥银行存款的登账和审核职务相分离。

（3）记录与审核。各单位对其银行存款收付业务通过编制记账凭证、登记账簿进行反映和记录之前，都必须经过审核，只有审核无误的凭证单据才可作为会计记录的依据。其具体程序包括：

①出纳人员要根据其审核无误的银行存款收付原始凭证办理结算。办理银行结算后的原始凭证和结算凭证，要加盖"收讫"或"付讫"戳记。

②会计人员要根据财务主管审核无误的原始凭证或原始凭证汇总表填制记账凭证。

③原始凭证、收付款凭证须经过财会部门主管或其授权人审签、稽核人稽核签字盖章才能据以登账。

（4）记录与文件的管理。为了将已发生的经济业务进行完整地反映，有关

的文件必须加以适当的整理、管理和保存。其具体内容包括:

①银行支票、银行汇票、银行本票和商业汇票领用时,须经财会部门主管人或其指定人批准,并经领用人签字。

②银行支票、银行汇票、银行本票和商业汇票要有专人负责管理。

③收、付款凭证要连续编号。

④需使用事先连续编号的发货单、发票、支票等。

(5)核对。核对是账账相符、账实相符的保证。对账工作对保证银行存款安全性起着举足轻重的作用。

银行账户管理

1. 银行账户的管理方法概述

银行账户,又称"银行存款账户",或称"存款账户",是指存款人在中国境内银行开立的人民币存款、支取、转账结算和贷款户头的总称。其中,存款人主要包括机关、团体、部队、企事业单位、个体经营者;银行包括银行和其他金融机构。按照资金的不同性质、用途和管理要求,存款账户可分为基本存款账户、一般存款账户、临时存款账户、专用存款账户四种。

银行存款账户是各单位通过银行办理转账结算、信贷以及现金收付业务的工具,它具有反映和监督国民经济各部门经济活动的作用。凡新办的企业或公司在取得工商行政管理部门颁发的法人营业执照后,可选择离办公场地近,办事工作效率高的银行申请开设自己的结算账户。对于非现金使用范围的开支,都要通过银行账户办理。

2. 银行账户使用的相关规定

根据《银行账户管理办法》和《违反银行结算制度处罚规定》等法规,使用银行账户时要注意以下内容:

(1)存款人可以自主选择银行,银行也可以自愿选择存款人开立账户,任何单位和个人不得干预存款人在银行开立或使用账户。

（2）存款人在其账户内应有足够资金保证支付。

（3）银行应依法为存款人保密，维护存款人资金自主支配权，不代任何单位和个人查询、冻结、扣划存款人账户内存款。国家法律规定和国务院授权中国人民银行总行的监督项目除外。

（4）存款人在银行的账户必须有足够的资金保证支付，不准签发远期支票，不允许套取银行信用。

（5）存款人申请改变账户名称的，应撤销原账户，可以开立新账户。

（6）存款人撤销账户，必须与开户银行核对账户余额，经开户银行审查同意后，办理销户手续。存款人销户时，应交回各种重要空白凭证和开户许可证。否则，所造成的后果应由存款人承担责任。

（7）银行在办理结算过程中，必须严格执行银行结算办法的规定，及时办理结算凭证，不准延误、积压结算凭证，不准挪用、截留客户和他行的结算资金；不准拒绝受理客户和他行的正常业务。

（8）下列存款人已在银行开立一个基本存款账户的，可以根据其资金性质和管理需要另开立一个基本存款账户：

①管理财政预算资金和预算外资金的财政部门。

②实行财政预算管理的行政机关、事业单位。

③县级（含）以上军队、武警单位。

存款人撤销基本存款账户后，可以在另一家银行开立新账户。

开户银行对一年未发生收付活动的账户，应通知存款人，自发出通知起30日内来行办理销户手续，逾期视同自愿销户。

（9）存款人不得在多家银行机构开立基本存款账户。存款人不得在同一家银行的几个分支机构开立一般存款账户。

（10）存款人应认真贯彻执行国家的政策法令，遵守银行信贷结算和现金管理规定。银行检查时，开户单位应提供账户使用情况的有关资料。

（11）存款人不得因开户银行严格执行制度、执行纪律，转移基本存款账户，如果存款人转移基本存款账户，中国人民银行不得对其核发开户许可证。

（12）存款人的账户只能办理存款人本身的业务活动，不得出租和转让账户。

（13）正确、及时记载和银行的往来账务，并定期核对。发现不符，应及时与银行联系，查清楚。

3. 违反账户使用规定的相关处罚规定

根据《银行账户管理办法》的规定，开户单位违反了账户使用规定，将受到以下处罚：

（1）若单位出租和转让账户。

①责令其纠正。

②按规定对该行为发生的金额处以 5%，但不低于 1 000 元的罚款。

③没收出租账户的非法所得。

（2）若单位违反了开立基本账户的规定。

①被责令限期撤销该账户。

②处以 5 000 ~ 10 000 元的罚款。

4. 银行账户管理的基本原则

银行结算是社会经济活动各项资金清算的中介，银行结算过程也是一个复杂的款项收付过程。在银行结算过程中，要涉及到收款单位、收款银行、付款单位、付款银行等几个相互关联的个体，以及多个业务环节和繁杂的资金增减变动过程。所以，为保证银行结算的顺利进行，各单位都应该严格遵守银行结算的基本原则（如图 6 - 1 所示）。这些原则主要有以下几条：

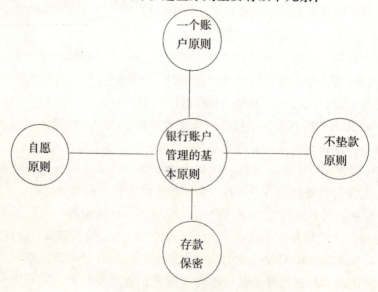

图 6 - 1　银行账户管理基本原则

（1）一个基本账户原则。存款人在银行开立基本存款账户，实行由中国人民银行当地分支机构核发开户许可证制度。同时，存款人在其账户内必须有足够的资金，以保证支付。收付款双方在经济交往过程中，只有坚持诚实信用，交易一旦达成，才能保证各方经济活动的顺利进行。

（2）自愿选择原则。存款人自己支配原则，存款人可以自主选择银行开户，银行也可以自愿选择存款人；一经双方相互认可后，存款人应遵循银行结算的规定；而银行应保证对资金的所有权和自主支配权不受侵犯。

（3）存款保密原则。银行必须依法为存款人保密，除国家法律规定的国务院授权中国人民银行总行的监督项目外，银行不代任何单位和个人查询、冻结存款人账户内的存款，以维护存款人资金的自主支配权。

（4）不垫款原则。银行在办理结算时只负责办理结算双方单位的资金转移，不为任何单位垫付资金。

5. 基本存款账户的功能

基本存款账户，是指存款人办理日常转账结算和现金收付的账户。它是独立核算单位在银行开立的主要账户。存款人的工资、奖金等现金的支出，只能通过基本存款账户办理。按照规定，每个存款人只能在银行开立一个基本存款账户。

（1）申请基本存款账户需提供的文件。

①开户许可证。存款人在银行开立基本存款账户，实行由中国人民银行当地分支机构核发开户许可证制度。因此，存款人开立基本存款账户，必须凭中国人民银行当地分支机构核发的开户许可证开立账户。开户许可证由中国人民银行总行统一制作。

②其他。存款人申请开立基本存款账户除了必须具备"开户许可证"，还应向开户银行出具下列证明文件之一：

- 个人的居民身份证和户口簿。
- 承包双方签订的承包协议。
- 单位对附设机构同意开户的证明。
- 当地工商行政管理机关核发的《企业法人执照》或《营业执照》副本。
- 驻地有关部门对外地常设机构的批文。
- 军队军以上、武警总队财务部门的开户证明。

● 中央或地方编制委员会、人事、民政等部门的批文。

（2）开设基本存款账户的程序。如图6-2所示。

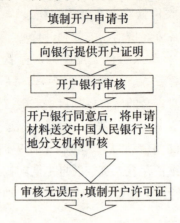

填制开户申请书

向银行提供开户证明

开户银行审核

开户银行同意后，将申请材料送交中国人民银行当地分支机构审核

审核无误后，填制开户许可证

图6-2 开设基本存款户程序

开户申请书一式三联，第一联由中国人民银行当地分支机构留存；第二联由开户银行留存；第三联由存款人保管，待销户时做重新开户的证明。印鉴卡片一式两张，一张留存开户银行；一张开户单位留存。开户许可证一式两本（正、副本），正本由开户单位留存；副本由开户银行存查。

6. 一般存款账户功能介绍

一般存款账户，是指存款人在基本账户以外的银行借款、转存、与基本存款账户的存款人不在同一地点的附属非独立核算单位开立的账户。存款人可以通过账户办理转账、结算和存入现金，但不能支取现金。

开设一般存款账户，也同样需要一定的条件，大致有以下两点：

（1）在基本存款账户以外的银行取得借款的。

（2）与基本存款账户的存款人不在同一地点的附属非独立核算单位。

存款人申请开立一般存款账户，应向开户银行出具下列两个证明文件中的一个：

（1）借款合同或借款借据。

（2）基本存款账户的存款人同意其附属的非独立核算单位开户的证明。

在申请开立一般存款账户、临时存款账户和专用存款账户时，应该按照以下程序进行：

（1）填制开户申请书。

（2）提供基本存款账户开户许可证，并送交盖有存款人印章的"印鉴卡片"。

（3）经开户银行审核同意后开立账户。

7. 临时存款账户功能介绍

临时存款账户，是存款人因临时经营活动需要开立的账户，存款人可以通过临时存款账户办理转账结算和根据国家现金管理的规定办理现金收付。

（1）可以开设临时存款账户的条件。开设临时存款账户，需要一定的条件。在下列两种情况下，存款人可以申请开立临时存款账户：

①外地临时机构。

②临时经营活动需要的。

（2）开设临时存款账户需要提供的文件。根据《银行账户管理办法》规定，存款人申请开立临时存款账户，应向开户银行出具下列证明文件之一：

①当地工商行政管理机关核发的临时执照。

②当地有关部门同意设立外来临时机构的批件。

8. 专用存款账户功能介绍

专用存款账户，就是指存款人因特定用途需要而开立的账户。

当存款人是因为下列资金时，可以申请开立专用存款账户：

（1）基本建设的资金。

（2）更新改造的资金。

（3）特定用途，需要专户管理的资金。

开设专用存款账户需要提供的文件根据《银行账户管理办法》规定，存款人申请开立专用存款账户，应向开户银行出具下列证明文件之一：

（1）经有关部门批准立项的文件。

（2）国家有关文件的规定。

9. 账户名称的变更

（1）变更账户名称。单位申请变更账户名称，应向银行交验上级主管部门批准的正式函件，企业单位和个体工商户需要向银行交验工商行政管理部门登记注册的新执照，经银行调查属实后，根据不同情况变更账户名称或撤销原账户并开立新账户。

（2）更换单位财务专用章等。若开户单位由于人事变动等原因，要更换单位财务专用章、财务主管印鉴或出纳人员印鉴的，只需填写"更换印鉴申请书"，出具有关证明，在银行审查同意后，重新填写印鉴卡片，并注销原预留的印鉴卡片。

10. 账户的迁移、合并及撤销

单位的办公地点或经营场所发生搬迁时，应到银行办理迁移账户手续。如在同城，由迁出行出具证明，迁入行凭此开立新账户；如搬迁他城，应重新按规定办理开户手续。

在搬迁过程中，可凭证暂时保留原账户，但在搬迁结束，单位已在当地恢复生产经营时，原账户一般应在1个月内结清。

单位申请合并、撤销账户，经同开户银行核对存（贷）款账户余额全部无误后，办理销户手续，同时交回各种空白重要凭证。销户后由于未交回空白重要凭证而产生的一切责任，由销户单位全部承担。

各单位在银行的账户连续一年没有发生收、付款活动，银行以为无继续存在的必要时，即通知单位在1个月内，向银行办理销户手续，逾期未办，视同自愿销户，余数未取者，银行在年终时作为收益处理。

【边学边问】公司中标，收到2次同样的汇款（其中一笔是采购办汇的，一笔是采购方汇的）。这样在月底还未还款的情况下应该怎么入账，次月还款的话又要怎么做？

解析：多收的款项请通过"其他应付款"科目核算：

收到时：

借：库存现金或银行存款

　　贷：其他应付款——××单位

下月还款：

借：其他应付款——××单位

　　贷：库存现金或银行存款

【边学边问】 有些客户用现金存钱到我公司的基本账户，银行没有回单给我，请问如何入账？可以不入账吗？

解析：不可以不入账。存到公司账户的钱都会有回单的，不管金额多少。只是银行出回单的时间可能会比较慢。如果由于某些需要，可以先写个说明，请银行盖章确认就可以。

支票结算

1. 支票及其分类

支票是出票人签发的，委托办理支票存款业务的银行或其他金融机构在见票时无条件支付确定的金额给收款人或者持票人的票据。支票实际上是存款人开出的付款通知。

（1）支票可以按照不同的标准进行不同的分类。

①支票按照收款人的记载形式不同可以分为记名式支票和不记名式支票两种。

记名式支票又称抬头支票，即在支票上记载收款人姓名或者商号的支票，这种支票的票款，只能付给票面指定的人，转让时须有收款人背书。无记名式支票又叫空白支票，是指在支票上不记载收款人姓名或商号的支票，这种支票的持票人可以直接向银行取款，而不必在支票上签字盖章。

②支票按照其使用的要求可以分为转账支票和现金支票。

按照《支付结算办法》规定，支票印有"现金"字样的为现金支票，现金支票只能用于支取现金。支票上印有"转账"字样的为转账支票，转账支票只能用于转账。在普通支票左上角画两条平行线的，为画线支票，画线支票只能用于转账，不得支取现金。

"现金支票"及"转账支票"样式见表6-1、表6-2。

表6-1   现金支票

中国工商银行现金支票存根
支票号码
科　目 ＿＿＿＿＿＿＿
对方科目 ＿＿＿＿＿＿
签发日期　年　月　日

收款人	＿＿＿＿＿
金　额	＿＿＿＿＿
用　途	＿＿＿＿＿
备　注	＿＿＿＿＿

单位主管　　会计
复　核　　记账

本支票付款期限十天

中国工商银行**现金支票**　支票号码
出票日期（大写）　年　月　日　开户银行名称：
收款人：　　　　　　　　　　签发人账号

人民币 （大写）		千	百	十	万	千	百	十	元	角	分

科目（借） ＿＿＿＿＿＿
用途 ＿＿＿＿＿＿＿　　　对方科目（贷） ＿＿＿＿＿＿
上列款项请从我账户内支付　付讫日期　年　月　日
签发人盖章　　　　　　出纳　复核　记账

表6-2   转账支票

中国工商银行转账支票存根
支票号码
科　目 ＿＿＿＿＿＿＿
对方科目 ＿＿＿＿＿＿
签发日期　年　月　日

收款人	＿＿＿＿＿
金　额	＿＿＿＿＿
用　途	＿＿＿＿＿
备　注	＿＿＿＿＿

单位主管　　会计
复　核　　记账

本支票付款期限十天

中国工商银行**转账支票**　支票号码
出票日期（大写）　年　月　日　开户银行名称：
收款人：　　　　　　　　　　签发人账号

人民币 （大写）		千	百	十	万	千	百	十	元	角	分

科目（借） ＿＿＿＿＿＿
用途 ＿＿＿＿＿＿＿　　　对方科目（贷） ＿＿＿＿＿＿
上列款项请从我账户内支付　付讫日期　年　月　日
签发人盖章　　　　　　出纳　复核　记账

　　支票结算仅限于同城或指定票据交换地区内使用，可用于商品交易、劳务供应、资金调拨以及其他款项结算。凡在银行设立账户的单位、个体经济户和个人经开户银行同意，均可使用支票结算。

　　除现金支票和转账支票外，还有一种定额支票。定额支票不仅具有特殊用途，同时还可以作为"现金"使用，除农产品收购单位使用外，其他单位多不使用。我们习惯上所说的支票是指现金支票和转账支票两种，不包括定额支票。

　　（2）支票结算的基本规定（见表6-3）。

表6-3	支票结算的基本规定
支票一律记名	即签发的支票必须注明收款人的名称，并只准收款人或签发人向银行办理转账或提取现金。在中国人民银行总行批准的地区，转账支票可以背书转让
支票的有效期为10天（背书转让地区的转账支票的有效期为10天）	有效期从签发的次日算起，到期日遇节假日顺延。过期支票银行不予受理，支票自行作废
签发支票应使用蓝、黑色签字笔填写，未按规定填写，被涂改冒领的，由签发人负责	支票上各项内容要填写齐全，内容要真实，字迹要清晰，数字要标准，大小写金额要一致。支票大小写金额、签发日期和收款人不得更改，其他内容如有更改，必须由签发人加盖预留银行印鉴证明
签发人必须在银行账户余额内按照规定向收款人签发支票	不准签发空头支票或印章与预留银行印鉴不符的支票，否则，银行除退票外还要按票面金额处以5%但不低于1 000元的罚款，另外2%的赔偿金给收款人。对屡次签发空头支票的，银行将根据情节给予警告、通报批评，直到停止其向收款人签发支票
已签发的现金支票遗失，可以向银行申请挂失	挂失前已经支付的，银行不予受理。已签发的转账支票遗失，银行不受理挂失，可请求收款人协助防范

2. 支票结算的程序

（1）现金支票结算程序。开户单位用现金支票提取现金时，由本单位出纳人员签发现金支票并加盖银行预留印鉴后，到开户银行提取现金；开户单位用现金支票向外单位或个人支付现金时，由付款单位出纳人员签发现金支票并加盖银行预留印鉴和注明收款人后交收款人，收款人持现金支票到付款单位开户银行提取现金，并按照银行的要求交验有关证件。

在这种结算程序下，具体内容为：

①付款人开出现金支票给收款人。

②收款人持现金支票向付款人开户银行提取现金。

（2）转账支票结算程序。付款人按应支付的款项签发转账支票后交收款人，凭支票存根贷记"银行存款"账户，借记对应账户。收款人审查无误后，填制一式两联进账单连同支票一并送交本单位开户银行，经银行审查无误后，在进账单回单上加盖银行印章，退回收款人，作为收款人入账的凭据，收款人据此借记"银行存款"账户，贷记对应账户。进账单另一联和支票银行留存，作为划转款项和记账凭据。

①由签发人交收款人办理结算。其结算程序如图6-3所示。

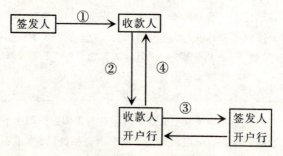

图6-3　转账支票结算程序(1)

付款人签发转账支票交收款人。

收款人持票并填进账单到开户行办理入账。

银行间办理划拨。

收款人开户银行下收款通知。

②由签发人交签发人开户银行办理结算。其结算程序如图6-4所示。

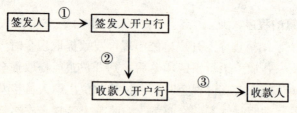

图6-4　转账支票结算程序(2)

签发转账支票并填进账单办理转账。

银行间办理划拨。

收款人开户银行下收款通知。

将转账支票送存开户行进账，或将现金送存开户行，均应填写进账单向银行办理进账手续。进账单第一联为回单或收款通知联，是收款人开户行交给收款人的回单；第二联为收入凭证联，此联由收款人开户行作收入传票。

3. 支票结算其他问题

（1）领用支票。单位领用支票时，应由出纳人员填制一式三联的"空白重要凭证领用单"，在第一联上加盖预留银行印鉴，送交银行办理。经银行核对印鉴相符后，在"重要空白凭证登记簿"上注明领用日期、领用单位、支票起讫号码、密码号码等，出售支票，同时按规定收取一定工本费和手续费。银行在出售支票的同时，还要打印两张支票密码，一张给领用单位，另一张留银行备查，以便办理结算时核对。按规定，每个账户一次只准购买一本支票，业务量大的可适当放宽。出售时每张支票上要加盖银行的名称或签发人账号。

撤销、合并或因其他原因结清账户时，应将剩余未用的空白支票交回银行，切角作废。

【例6-1】2007年7月27日甲公司到银行领用现金支票时交纳的工本费、手续费共30元，出纳收到银行给的空白凭证收费单，见表6-4。

表6-4　　　　　　　北京银行领用空白凭证收费单

2007年7月27日　　　　　领用凭证号码3407-3425

单位名称：甲公司			账号 03704001201050924-02										
凭证名称	单价	数量	金额										银行收讫章
			亿	千	百	十	万	千	百	十	元	角	分	
现金支票	15.00	1								1	5	0	0	
手续费	15.00	1								1	5	0	0	
金额大写	叁拾元整								¥	3	0	0	0	
凭证签发金额大写														

主管：　　　　　　　复核：　　　　　　　　　　　记账：

财务部门据此填制记账凭证见表6-5。

表6-5

记账凭证

2007 年 7 月 27 日   第 21 号

摘要	总账科目	明细科目	记账 ✓	借方金额	记账 ✓	贷方金额
购现金支票	财务费用	手续费		30		
	银行存款					30
合计				￥30		￥30

会计主管: 记账: 出纳: 审核: 制单:

（2）签发支票。

①出票人签发支票的基本规定，如图6-5所示。

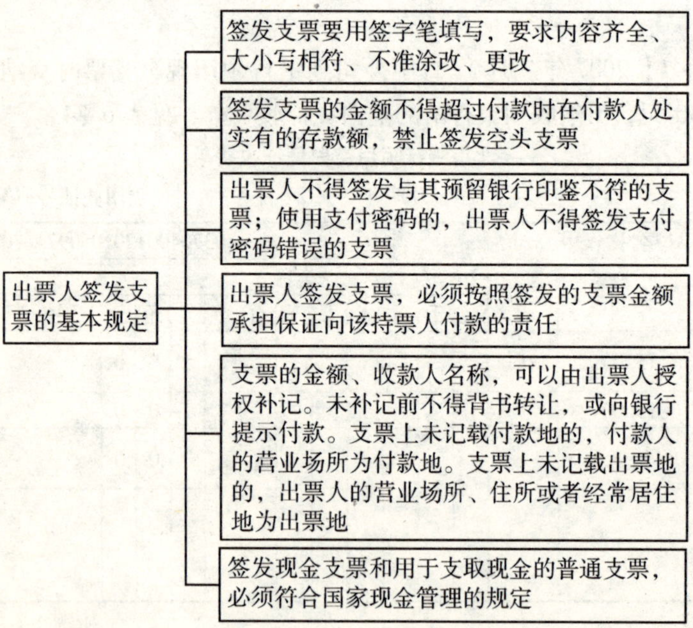

图6-5 出票人签发支票的基本规定

116

②现金支票的签发。

出纳员在签发现金支票时，应按照规范认真填写签发日期、收款人、人民币大小写、支票号码、款项用途和支票密码等项目。其中，签发日期应填写实际签发支票的日期，不得漏填或预填日期。"收款人"栏，一定要写明收款单位的附属机构或个人，收款人应在支票存根联签名或盖章。大小写人民币金额必须填写一致、完整，不得涂改，在小写金额前，应填写人民币符号"￥"，大小写金额和收款人三个栏目如有填错，应重新签发。其他栏目填错，可由签发人在改正处加盖预留银行印鉴来证明。"用途"栏要实事求是填列，不得巧立名目套取现金。"密码号"栏应按照银行提供的密码单填写。"签发人盖章"处应将预留银行印鉴加盖齐全。

如果单位签发现金支票到银行提取现金以发放工资或补充库存现金，则应在"收款人"栏填写本单位名称，并在支票背面加盖预留银行印鉴或单位公章，然后可到银行取款。财务部门根据现金支票存根编制银行存款付款凭证。

【例6-2】7月26日甲公司为补充备用金，需提现600元整。

出纳填写现金支票见表6-6。

表6-6　　　　　现金支票

中国工商银行现金支票存根

支票号码

科　　目＿＿＿＿＿

对方科目＿＿＿＿＿

签发日期2008年8月26日

收款人	甲公司
金　额	￥600
用　途	备用金
备　注	

单位主管　　会计

复　核　　记账

本支票付款期限十天

中国工商银行**现金支票**　支票号码　2009231

出票日期（大写）贰零零捌年零捌月贰拾陆日　开户银行名称：工商行十三分行

签发人账号：2110408-91

收款人：甲公司

人民币（大写）陆佰元整	千	百	十	万	千	百	十	元	角	分
					￥	6	0	0	0	0

科目（借）＿＿＿＿＿

用途　备用金　　　对方科目（贷）＿＿＿＿＿

上列款项请从我账户内支付　付讫日期　年　月　日

签发人盖章　　　出纳　复核　记账

会计根据现金支票存根填制记账凭证，见表6-7。

表6-7   记账凭证

2008 年 8 月 26 日   第 8 号

摘要	总账科目	明细科目	记账✓	借方金额	记账✓	贷方金额
从银行提现	库存现金			600		
	银行存款					600
合　计				¥600		¥600

会计主管：　　　记账：　　出纳：　　审核：　　　制单：

　　如果单位签发现金支票给其他单位和个人，则应在"收款人"栏填写收款单位或个人的名称，并要求其在现金支票存根联上签字或盖章。收款单位或个人在现金支票背面签章，并持证件到银行取款。

　　③转账支票的签发。出纳员签发转账支票，首先应查验本单位银行存款账户是否有足够的存款余额，以免签发空头支票，然后再按规定要求签发转账支票。

　　【例6-3】光明工厂从本市化工厂购买一批 A 产品 10 公斤，单价（不含税）300 元，合计 3 000 元，用转账支票支付，但货还未到。

　　出纳员根据增值税发票签发转账支票见表 6-8。

表6-8　　　　　　　　**转账支票**

中国工商银行转账支票存根
支票号码
科　目
对方科目
签发日期 2008 年 8 月 26 日

收款人　永安市化工厂
金　额　¥3510.00 元
用　途　购货
备　注

单位主管　　会计
复　核　记账

中国工商银行**转账支票**　支票号码　1993683
出票日期（大写）贰零零捌年零捌月贰拾陆日　开户银行名称：工商行十三分行
签发人账号：20100345

收款人：永安市化工厂

人民币（大写）叁仟伍佰壹拾元整　　千百十万千百十元角分　¥3510000

科目（借）
用途　购货　　对方科目（贷）
上列款项请从我账户内支付讫日期　年　月　日
签发人盖章　　　出纳　复核　记账

本支票付款期限十天

118

据此填制记账凭证,见表6-9。

表6-9　　　　　　　　　　　**记账凭证**
　　　　　　　　　　　　　　2008 年 8 月 26 日　　　　　　　　　　　　　　第 89 号

摘要	总账科目	明细科目	记账 ✓	借方金额	记账 ✓	贷方金额
购货 A 产品	在途物资	A 产品		3 510		
	银行存款					3 510
合计				¥3 510		¥3 510

会计主管:　　　　记账:　　　　出纳:　　　　审核:　　　　制单:

出纳根据记账凭证填写银行存款日记账(略)。

(3)支票的验付及退票。支票为见票即付,提示付款期限自出票日起 10 日,但中国人民银行另有规定的除外。超过提示付款期限提示付款的,持票人开户银行不予受理,付款人不予付款。

所谓支票退票,就是指银行认为该支票的款项不能进入收款人账户而将支票退回。支票退票主要有两方面的原因:一个原因是存款不足以支付票款;另一个原因是票据行为不规范。发生退票,银行应出具"退票理由书",连同支票和进账单一并退给签发人或收款人。

【例 6-4】甲公司销售给乙公司 100 包 80 列打印纸,单价 30 元,共计 3 000 元,出纳将购货单位签发的转账支票和进账单送交银行,银行以日期、账号涂改处未盖预留银行印鉴为理由,而出具"退票理由书"连同支票和进账单一并退给持票人,财务部门据此作记账凭证,见表 6-10。

表6-10   记账凭证

2008 年 7 月 27 日   银付第 18 号

摘要	总账科目	明细科目	记账✓	借方金额	记账✓	贷方金额	
转账支票退回	应收账款	乙公司		3 000			附件1张
	银行存款					3 000	
合计				¥3 000		¥3 000	

会计主管: 记账: 出纳: 审核: 制单:

（4）印章挂失和更换预留签章。各单位预留银行印章遗失时，应当向开户行出具公函。遗失单位公章的，应有上级主管单位公函证明，同时填写"更换印章申请书"，由开户银行办理更换印章手续；印章遗失前签发了支票，在支票有效期内仍属有效。如在挂失前，单位的印章被人盗用，签发支票被人冒领的，由单位自行负责。

由于印章磨损、单位名称变改、人员更动需要更换预留签章的，由开户银行发给新印鉴卡。单位应将原印鉴盖在新印鉴卡的反面，将新印章盖在新印鉴卡的正面，并注明启用日期，交开户银行。

（5）支票的止付。支票的止付，是指支票的持票人遗失支票后，以书面形式通知银行停止支付支票票款。但是，银行在接到支票持有人通知前已经支付票款而造成持有人损失的，由其自行负责。关于支票止付的规定见表6-11。

表6-11   支票的止付

已签发的现金支票遗失，可以向银行申请挂失	申请挂失时，签发人应出具公函或有关证明，并加盖预留银行印鉴，同时交付一定的挂失手续费。银行收取挂失手续费、受理申请单位挂失后，在签发人账户的明显处用红笔注明"×××年××月××日第×号支票挂失止付"字样，并将公函或有关证明一并保管

已签发的转账支票遗失，银行不予挂失，但付款单位可以请求收款单位协助防范	如果印章齐全，填写规范的转账支票遗失，可迅速通知收款人协助防范，防止他人用遗失的转账支票冒购商品，如冒购商品已成事实，可立即向当地公安机关报案，力争尽快追回损失。

【边学边问】现金支票、转账支票的收款人可以是个人吗？

解析：现金支票和转账支票都在支票正面就印有"现金支票"和"转账支票"字样的，不过一般而言现金支票可以在背面盖上本单位的印鉴提取现金，而转账支票一般而言是不能够在背后直接以自己做为背书人的，而且转账支票是不能够直接提取现金的。一般是转到个人的账户（劳务报酬等这类的可以转入私人账户）或者是单位的账户。

收款人如果是个人，收款人写的是个人名字，可带上身份证直接去银行提现。

本票结算

1. 本票及其分类

本票是由出票人签发的，承诺自己在见票时无条件支付确定的金额给收款人或者持票人的票据。

本票可以按照不同的标准进行不同的分类，见表6－12。

表6－12　　　　　　　　　　　本票及其分类

按性质分为	银行本票
	商业本票
按收款人的记载形式不同	记名本票
	无记名本票
按照金额是否预先固定	定额本票
	不定额本票

另外，银行本票结算的基本规定如图6-6所示。

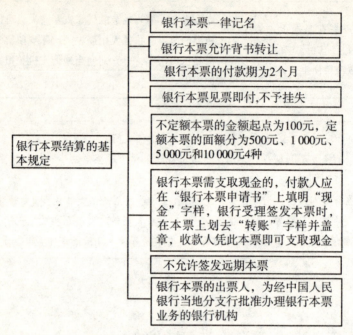

银行本票结算的基本规定

- 银行本票一律记名
- 银行本票允许背书转让
- 银行本票的付款期为2个月
- 银行本票见票即付,不予挂失
- 不定额本票的金额起点为100元，定额本票的面额分为500元、1 000元、5 000元和10 000元4种
- 银行本票需支取现金的，付款人应在"银行本票申请书"上填明"现金"字样，银行受理签发本票时，在本票上划去"转账"字样并盖章，收款人凭此本票即可支取现金
- 不允许签发远期本票
- 银行本票的出票人，为经中国人民银行当地分支行批准办理银行本票业务的银行机构

图6-6　银行本票结算的基本规定

2. 银行本票结算的程序

银行本票的结算程序，基本上包括签发本票和款项结算两个阶段。

（1）申请签发银行本票。申请签发银行本票的步骤如图6-7所示。

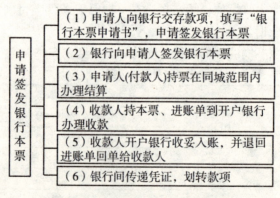

申请签发银行本票

- （1）申请人向银行交存款项，填写"银行本票申请书"，申请签发银行本票
- （2）银行向申请人签发银行本票
- （3）申请人(付款人)持票在同城范围内办理结算
- （4）收款人持本票、进账单到开户银行办理收款
- （5）收款人开户银行收妥入账，并退回进账单回单给收款人
- （6）银行间传递凭证，划转款项

图6-7　申请签发银行本票的步骤

付款单位需要使用银行本票办理结算，应向银行填写一式三联"银行本票申请书"，详细写明收款单位名称、申请人名称、支付金额、申请日期等各项内容。如申请人在签发银行开立账户的，应在"银行本票申请书"第二联上加盖预留银行印鉴。申请人和收款人均为个人，需要支取现金的应在申请书上"支付金额"栏注明"现金"字样。申请人或收款人为单位的，不得申请签发现金银行本票。"银行本票申请书"的格式由中国人民银行各分行确定和印制。

在签发不定额本票时，如果是用于转账的，在本票上划去"现金字样"；如果是用于支取现金的，在本票上划去"转账"字样。最后，银行把本票第一联连同"银行本票申请书"存根联一并退给本票申请人。

银行受理银行本票申请书，在收妥款项后，据以签发银行本票。申请人取回本票后应借记"其他货币资金——银行本票"，贷记"银行存款"。

（2）出票。申请人持银行本票可以向填明的收款单位或个体经营户办理结算。

按照《票据法》规定，本票必须记载下列事项，如图6－8所示。

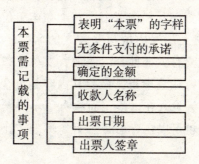

本票需记载的事项 ─ 表明"本票"的字样
　　　　　　　 ─ 无条件支付的承诺
　　　　　　　 ─ 确定的金额
　　　　　　　 ─ 收款人名称
　　　　　　　 ─ 出票日期
　　　　　　　 ─ 出票人签章

图6－8　银行汇票结算的特点

本票上未记载上述规定事项之一的，本票无效。本票上记载付款地、出票地等事项的，应当清楚、明确。本票上未记载付款地的，出票人的营业场所为付款地。除了上述规定事项外，本票上可以记载其他出票事项，但是该记载事项不具有汇票上的效力。

（3）收款人受理银行本票。收款人收到银行本票后，应审查下列事项，如图6－9所示。

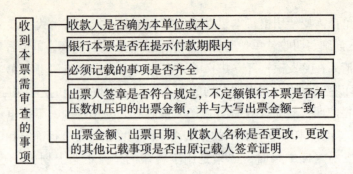

收到本票需审查的事项

- 收款人是否确为本单位或本人
- 银行本票是否在提示付款期限内
- 必须记载的事项是否齐全
- 出票人签章是否符合规定，不定额银行本票是否有压数机压印的出票金额，并与大写出票金额一致
- 出票金额、出票日期、收款人名称是否更改，更改的其他记载事项是否由原记载人签章证明

图 6 - 9　收到本票需审查的事项

收款人审查无误后，填写一式两联进账单连同收到的银行本票，交本单位开户银行办理收款入账手续。收款人为个人的也可以持转账的银行本票经背书向被背书人的单位或个体经营户办理结算，具有"现金"字样的银行本票可以向银行支取现金。

3. 本票的背书转让和退款

（1）本票的背书转让。本票一律记名，允许背书转让。本票持有人转让本票时，应在本票后面"背书"栏内背书，并加盖本单位预留银行的印鉴，注明背书日期，在"被背书人"栏内填写受款人的名称，之后将本票交给被背书人，同时向被背书人交验有关证件，以便被背书单位查验。被背书人接受背书的本票时，也应对其进行认真检查，检验其内容是否合法、正确、完整。本票背书必须连续。若本票签发人在本票正面注有"不准转让"字样的，则该本票不得背书转让；背书人也可以在背书时注明"不准转让"字样，禁止该本票以后再转让。

（2）本票的退款。申请人因银行本票超过付款期或其他原因未使用而要求退款时，可持银行本票到签发银行办理退款手续。在银行开立存款账户的持票人，还应填写一式两联进账单，一并交银行，待银行办妥退款手续后，凭银行退回的进账单进行账务处理。未在银行开立账户的持票人，应在未用的银行本票背面签章，并交有关证件，经银行审核没有问题方予以退款。

按照现行规定，只有不定额的本票在符合条件时才能办理退款作为补救。

银行汇票结算

1. 银行汇票及其适用范围

银行汇票是汇款人将款项交存当地银行，由银行签发给汇款人持往异地办理转账结算或支取现金的票据。银行汇票结算方式是指利用汇票办理转账结算的方式。

银行汇票适用于异地单位、个体经营户、个人之间需要支付的各种款项。凡在银行开立账户的单位、个体经营户和未在银行开立账户的个人，都可以向银行申请办理银行汇票，而且也都可以受理银行汇票。

（1）银行汇票结算的特点（如图 6 - 10 所示）。

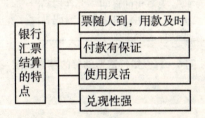

银行汇票结算的特点	票随人到，用款及时
	付款有保证
	使用灵活
	兑现性强

图 6 - 10　银行汇票结算的特点

（2）银行汇票结算的基本规定（如图 6 - 11 所示）。

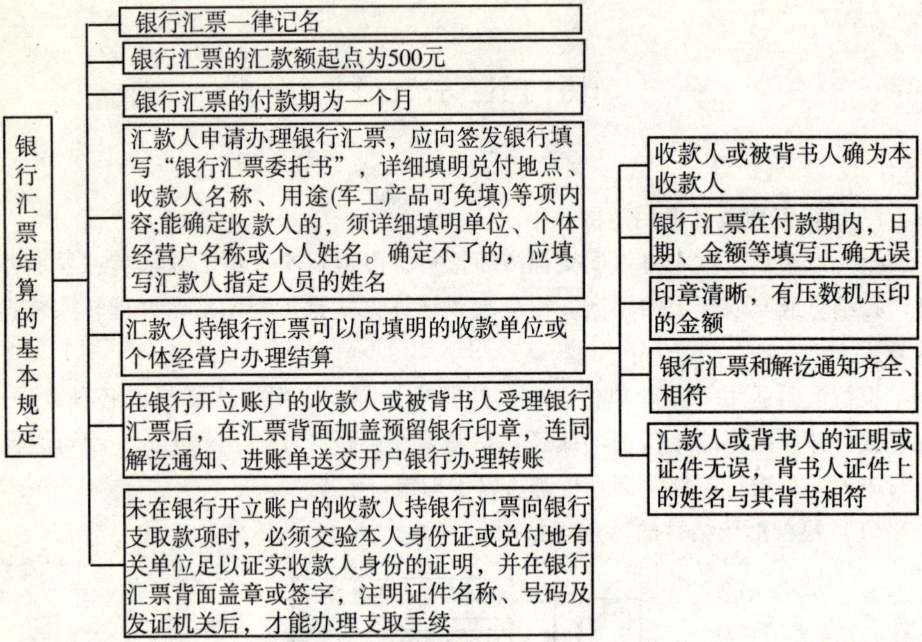

银行汇票结算的基本规定

银行汇票一律记名

银行汇票的汇款额起点为500元

银行汇票的付款期为一个月

汇款人申请办理银行汇票,应向签发银行填写"银行汇票委托书",详细填明兑付地点、收款人名称、用途(军工产品可免填)等项内容;能确定收款人的,须详细填明单位、个体经营户名称或个人姓名。确定不了的,应填写汇款人指定人员的姓名

汇款人持银行汇票可以向填明的收款单位或个体经营户办理结算

在银行开立账户的收款人或被背书人受理银行汇票后,在汇票背面加盖预留银行印章,连同解讫通知、进账单送交开户银行办理转账

未在银行开立账户的收款人持银行汇票向银行支取款项时,必须交验本人身份证或兑付地有关单位足以证实收款人身份的证明,并在银行汇票背面盖章或签字,注明证件名称、号码及发证机关后,才能办理支取手续

收款人或被背书人确为本收款人

银行汇票在付款期内,日期、金额等填写正确无误

印章清晰,有压数机压印的金额

银行汇票和解讫通知齐全、相符

汇款人或背书人的证明或证件无误,背书人证件上的姓名与其背书相符

图 6-11 银行汇票结算的基本规定

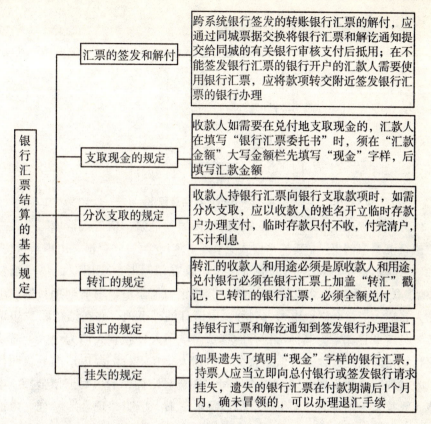

银行汇票结算的基本规定

汇票的签发和解付：跨系统银行签发的转账银行汇票的解付，应通过同城票据交换将银行汇票和解讫通知提交给同城的有关银行审核支付后抵用；在不能签发银行汇票的银行开户的汇款人需要使用银行汇票，应将款项转交附近签发银行汇票的银行办理

支取现金的规定：收款人如需要在兑付地支取现金的，汇款人在填写"银行汇票委托书"时，须在"汇款金额"大写金额栏先填写"现金"字样，后填写汇款金额

分次支取的规定：收款人持银行汇票向银行支取款项时，如需分次支取，应以收款人的姓名开立临时存款户办理支付，临时存款只付不收，付完清户，不计利息

转汇的规定：转汇的收款人和用途必须是原收款人和用途，兑付银行必须在银行汇票上加盖"转汇"戳记，已转汇的银行汇票，必须全额兑付

退汇的规定：持银行汇票和解讫通知到签发银行办理退汇

挂失的规定：如果遗失了填明"现金"字样的银行汇票，持票人应当立即向总付银行或签发银行请求挂失，遗失的银行汇票在付款期满后1个月内，确未冒领的，可以办理退汇手续

续图 6－11　银行汇票结算的基本规定

2. 银行汇票结算的程序

银行汇票结算经过承汇、结算、兑付和结清余额四个步骤，具体结算程序为：

第一，汇款人委托银行办理汇票。

第二，银行签发汇票。

第三，汇款人使用汇票结算。

第四，收款人持汇票进账或取款。

第五，通知汇票已解付。

第六，结算划拨。

第七，结算汇票退还余额。

银行汇票的结算程序如图 6 – 12 所示。

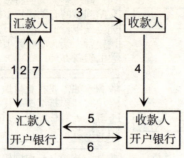

图 6–12 银行汇票结算程序

（1）银行汇票的申请。申请人需要使用银行汇票，应向银行填写一式三联的"银行汇票申请书"（其基本格式见表 4 – 14）；第一联存根，由申请人留存；第二、三联是银行内部使用的凭证。申请人在填写时，要用双面复写纸套写（其他多联结算凭证套写要求与此相同），按银行汇票申请书所列项目逐项填明收款人名称、汇票金额、申请人名称、申请日期等事项，并在第二联"申请人盖章"处签章，签章为其预留银行的签章。申请人和收款人均为个人，需要使用银行汇票向代理付款人支取现金的，申请人须在银行汇票申请书上填明代理付款人名称，在"汇票金额"栏先填写"现金"字样，后填写汇票金额。申请人或者收款人为单位的，不得在银行汇票申请书上填明"现金"字样。申请人填妥后将银行汇票申请书二、三联连同所汇款项一并送交银行。

表 6 – 13

×× 银行汇票申请书（存根）　　1

申请日期：　年　月　日　　　　　　　　第　号

申请人		收款人											此联申请人留存
账 号 或住址		账 号 或住址											
用 途		代 理 付款行											
汇票金额	人民币 （大写）：				千	百	十	万	千	百	十	元角分	
备　　注		科　　　目 ＿＿＿＿＿＿ 对方科目 ＿＿＿＿＿＿ 财务主管　复核　经办											

（2）出票。出票银行对银行汇款申请书的内容和印鉴验证无误，收妥款项

后签发银行汇票，并用压数机压印出汇票金额。银行汇票一式四联：第一联卡片，由出票银行留存；第二联汇票；第三联解讫通知，汇票联和解讫通知由出票银行一并交给申请人，申请人便可持此两联银行汇票到异地办理支付结算或支取现金，缺一不可；第四联是多余款收账通知，出票银行将银行汇票金额结算后将此联交申请人。基本格式见表6－14、表6－15、表6－16、表6－17。

表6－14

中国××银行

付款期限 壹个月		银行汇票（卡片）1		汇票号码 第 号

| 出票日期（大写） | 年 月 日 | 代理付款行： 行号： |
| 收款人： |
| 出票金额 人民币（大写） |
| 实际结算金额 人民币（大写） | 千百十万千百十元角分 |

账号或住址：_____

申请人：_____	科目（借）--------
出票行：_____ 行号：_____	对方科目（贷）--------
备注：_____	销账日期 年 月 日
复核 经办	复核 记账

此联出票行结清汇票时作汇出汇款借方凭证

10×17.5公分（白纸黑油墨）注：汇票号码前加印省别代号

表 6－15

<table>
<tr><td colspan="3">付款期限
壹个月</td><td colspan="2">中国××银行 **2**
银 行 汇 票</td><td>汇票号码
第　号</td></tr>
</table>

付款期限
壹个月

中国××银行 **2**
银 行 汇 票

汇票号码
第　号

出票日期（大写）　年　月　日　　代理付款行：　　行号：

此联代理付款行付款后作联行往来借方凭证附件

收款人：

出票金额 人民币（大写）

实际结算金额 人民币（大写）　　　千百十万千百十元角分

申请人：＿＿＿＿＿＿　　账号或住址：＿＿＿＿＿＿

出票行：＿＿　行号：＿＿

备　注：＿＿＿＿

凭票付款

出票行签章

多余金额
百十万千百十元角分

科目（借）＿＿＿＿
对方科目（贷）＿＿＿＿
兑付日期　年　月　日
复核　　　　记账

10×17.5公分(专用水印纸蓝油墨,出票金额栏加红水纹)注:汇票号码前加印省别代号

被背书人	被背书人	被背书人
背书人签章 年　月　日	背书人签章 年　月　日	背书人签章 年　月　日

持票人向银行
提示付款签章：

身份证件名称：
号　　　码：
发 证 机 关：

130

表6－16

```
┌─────────────────────────────────────────────────────────────────────┐
│ 付款期限          中国××银行          3        汇票号码               │
│ 壹 个 月         银 行 汇 票 (解讫通知)          第    号              │
│                                                                        │
│ 出票日期                                                    此         │
│ (大写)    年 月 日      代理付款行:    行号:                联          │
│                                                             票         │
│ 收款人:        账号或地址:                                   代         │
│ 出票金额 人民币                                             理 由       │
│ (大写)                                                      付 出       │
│ 实际结算金额 人民币          千百十万千百十元角分            款 票       │
│ (大写)                                                      后 行       │
│                                                             随 付       │
│              账号或住址:                                    款 作       │
│                                                             报 款       │
│ 申请人:        多余金额    科目(借)                          单 多       │
│ 出票行: 行号:  百十万千百十元角分 对方科目(贷)               寄 余       │
│ 备 注:                    转账日期 年 月 日                  出 款      │
│    复核    经办          复核      记账                      证 随       │
└─────────────────────────────────────────────────────────────────────┘
```

10×17.5公分(白纸红油墨,实际结算金额栏加红水纹)注:汇票号码前加印省别代号

表6－17

```
┌─────────────────────────────────────────────────────────────────────┐
│ 付款期限          中国××银行          4        汇票号码               │
│ 壹 个 月         银 行 汇 票 (多余金额收账通知)   第    号             │
│                                                                        │
│ 出票日期                                                    此         │
│ (大写)    年 月 日      代理付款行:    行号:                联          │
│                                                             出         │
│ 收款人:                                                      票         │
│                                                             行          │
│ 出票金额 人民币                                             结          │
│ (大写)                                                      清          │
│ 实际结算金额 人民币          千百十万千百十元角分            多          │
│ (大写)                                                      余          │
│                                                             款          │
│              账号或住址:                                    后          │
│ 申请人:                                                     交          │
│ 出票行:  行号:    多余金额                                   申          │
│ 备 注:          百十万千百十元角分  左列退回多余金额已收       请         │
│ 出票行盖章                          入你账户内。             人          │
│         年 月 日                   财务主管 复核 经办                    │
└─────────────────────────────────────────────────────────────────────┘
```

10×17.5公分(白纸紫油墨)注:汇票号码前加印省别代号

131

银行签发转账银行汇票，不得填写代理付款人名称。签发现金银行汇票，申请人和收款人必须均为个人，收妥申请人交存的现金后，在银行汇票"出票金额"栏先填写"现金"字样，后填写出票金额，并填写代理付款人名称。申请人或者收款人为单位的，银行不为其签发现金银行汇票。

转账银行汇票和现金银行汇票的格式分别见表6-18、表6-19。

表6-18

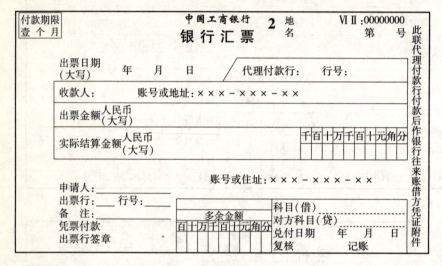

表6-19

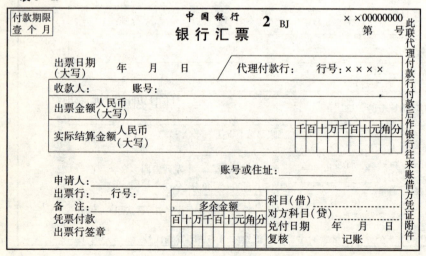

（3）兑付。

①在银行开立存款账户的收款人受理银行汇票后向开户银行提示付款时，应在汇票背面"持票人向银行提示付款签章"处签章，签章须与预留银行签章相同，并填写一式两联进账单，连同银行汇票和解讫通知一并送交开户银行，银行审查无误后办理转账。

②未在银行开立存款账户的个人持票人（或收款人），可以向选择的任何一家银行机构提示付款。提示付款时，应在汇票背面"持票人向银行提示付款签章"处签章，并填明本人身份证件名称、号码及发证机关，由其本人向银行提交身份证及其复印件。银行审核无误后，将其身份证复印件留存备查，并以持票人的姓名开立应解汇款及临时存款账户，该账户只付不收，付完清户，不计付利息。

（4）背书。背书是指汇票持有人将票据权利转让他人的一种票据行为。其中所谓的票据权利是指票据持有人向票据债务人（主要是指票据的承兑人，有时也指票据的出票人、保证人和背书人）直接请求支付票据中所规定的金额的权利。通过背书转让其权利的人称为背书人，接受经过背书汇票的人就被称为被背书人。由于这种票据权利的转让，一般都是在票据的背面（如果记在正面就容易和承兑、保证等其他票据行为混淆）进行的，所以叫做背书。

按照现行规定，填明"现金"字样的银行汇票不得背书转让。区域性银行汇票仅限于本区域内背书转让。银行汇票的背书转让以不超过汇款金额为准。未填写实际结算金额或实际结算金额超过汇款金额的银行汇票不得背书转让。在背书时，背书人必须在银行汇票第二联背面"背书"栏填明其个人身份证件及号码并签章，同时填明被背书人名称，并填明背书日期。被背书人在受理银行汇票时，除按前述收款人要求对汇票进行审查外，还应审查银行汇票是否记载实际结算金额，有无更改，其金额是否超过汇款金额；背书是否连续，背书人签章是否符合规定，背书使用粘单的是否按规定签章；背书人为个人的其身份证是否真实；等等。被背书人按规定在汇票有效期内，在被背书人一栏签章并填制一式二联进账单后到开户行办理结算，其会计核算办法与一般银行汇票收款人相同。见表6-20。

表 6-20

被背书人	背书人	被背书人
背书人签章 年　月　日	背书人签章 年　月　日	背书人签章 年　月　日
持票人向银行 提示付款签章：	身份证件名称： 号　　　码： 发证机关：	

经过背书的银行汇票结算程序，如图 6-13 所示。

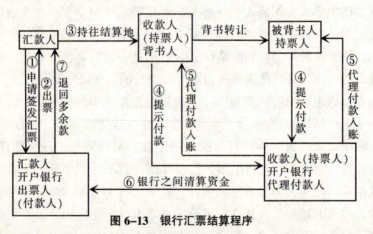

图 6-13　银行汇票结算程序

（5）结算与退款。兑付银行按实际结算金额办理入账后，将银行汇票第三联解讫通知传递给汇票签发银行，签发银行核对后将余款转入汇款人账户，并将银行汇票第三联多余款收账通知转给汇款人，汇款人据此办理余款入账手续。汇款人收到通知后借记"银行存款"账户，贷记"其他货币资金——银行汇票"账户。

汇款单位因汇票超过了付款期限或其他原因没有使用汇票款项时，可以分情况向签发银行申请退款：

①在银行开立账户的汇款单位要求签发银行退款时，应当备函向签发银行说明原因，并将未用的"银行汇票联"和"解讫通知联"交回汇票签发银行办理退款。银行将"银行汇票联"、"解讫通知联"和银行留存的银行汇票"卡片联"核对无误后办理退款手续，将汇款金额划入汇款单位账户。

②未在银行开立账户的汇款单位要求签发银行退款时，应将未用的"银行汇票联"和"解讫通知联"交回汇票签发银行，同时向银行交验申请退款单位的有关证件，经银行审核后办理退款。

③汇款单位因缺少"解讫通知联"而向签发银行申请退款时，应将"银行汇票联"退给汇票签发银行，并备函说明短缺的原因，经签发银行审查同意后，于银行汇票提示付款期满1个月后办理退款手续。

【边学边问】 银行汇票在什么情况下可能被银行拒付？

解析：银行在收到收款人提交的银行汇票时，经过审查发现有下列情况的，将予以拒付：

(1) 伪造、变造（凭证、印章、压数机）的银行汇票。

(2) 非总行统一印制的全国通用的银行汇票。

(3) 超过付款期的银行汇票。

(4) 缺汇票联或解讫通知联的银行汇票。

(5) 汇票背书不完整、不连续的。

(8) 涂改、更改汇票签发日期、收款人、汇款大写金额。

(7) 已经银行挂失、止付的现金银行汇票。

(8) 汇票残损、污染严重无法辨认的。

对拒付的汇票银行将退还给持票人。对伪造、变造以及涂改的汇票，银行除了拒付以外，还将报告有关部门进行查处。

商业汇票结算

1. 商业汇票及其适用范围

商业汇票，是指收款人或付款人（或承兑申请人）签发，由承兑人承兑，并于到期日向付款人或被背书人支付款项的票据。

商业汇票按其承兑人的不同，分为商业承兑汇票和银行承兑汇票两种。商业承兑汇票按双方约定签发，由收款人签发的商业承兑汇票，应交付款人承兑；由付款人签发的商业承兑汇票，应经本人承兑。银行承兑汇票是由收款人或承兑申请人签发，并由承兑申请人向开户银行申请，经银行审查同意承兑的票据。

商业汇票适用于在银行开立账户的法人之间根据购销合同先发货后收款或延期付款而进行的商品交易，无论是同城还是异地，其款项结算均可使用商业汇票结算方式。

商业汇票结算的基本规定，如图6-14所示。

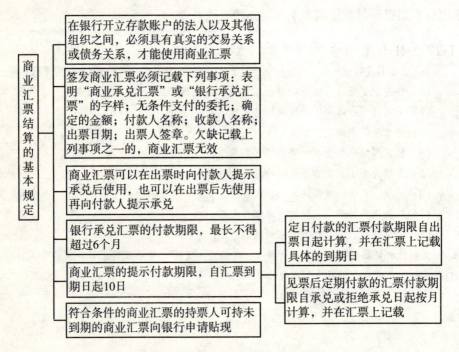

图6-14　商业汇票结算的基本规定

2. 商业汇票结算程序

（1）商业承兑汇票结算程序。商业汇票结算一般可分为3个步骤进行：

①签发和承兑商业汇票。商业汇票一式三联，可由收款人签发，也可由付款人签发，汇票签发人留存备查。第一联由付款人（即承兑人）留存，付款人

据此借记有关账户，贷记"应付票据"账户。第二联由付款人（即承兑人）在承兑栏加盖预留银行印鉴章，并在商业承兑汇票正面签署"承兑"字样以示承兑后，将商业承兑汇票交给收款人，收款人据此借记"应收票据"账户，贷记有关账户。商业承兑汇票填写方式见表 6 − 21。

表 6 − 21

商业承兑汇票　　　　　　　　× ×00000000

出票日期（大写）贰零零陆年零捌月零捌日　　　第　号

付款人	全　称	北京市××公司		付款单位	全　称	天津市××公司									此联持票人开户行随委托收款	凭证寄付款人开户行转付款人
	账　号	×××-×××-××			账　号	×××-×××-××									
	开户行	中行北京市××办事处　行号　4××××			开户行	农行天津市××办事处　行号　3××××									

出票金额	人民币（大写）伍仟元整		千	百	十	万	千	百	十	元	角	分
						¥	5	0	0	0	0	0

汇票到期日	贰零零陆年壹拾月零捌日	交易合同号码	× × × ×
本汇票已经承兑到期无条件付款		本汇票已予以承兑到期日付款	
承兑人签章 承兑日期 2006 年 8 月 8 日		出票人签章	

②收款人收款。收款人或被背书人将要到期的商业汇票送交开户银行办理收款手续，收款一般采取的是委托收款方式。出纳员办理收款手续时，应填写银行规定的一式五联的"委托收款凭证"，在"凭证名称"栏注明"商业承兑汇票"及号码，在商业承兑汇票背后加盖收款单位业务公章后，一并交开户银行，银行审核无误后盖章退回委托收款凭证第一联（回单）给收款人。

收款人收到开户银行转来的盖有转账收讫章的委托收款凭证第四联（收款通知），据以编制银行存款凭证，出纳员根据审核无误的收款凭证登记银行存款日记账。

③到期兑付。付款人收到开户银行转来的委托收款凭证第五联（付款通知）及所附商业承兑汇票，与留底卡片（即商业承兑汇票第一联）核对无误后，应于当日通知银行付款。付款人在接到通知日的次日起 3 日内（遇法定休假日顺延，下同）未通知银行付款的，视同付款人承诺付款，银行应于付款人

接到通知日的次日起第 4 日（法定休假日顺延，下同）上午开始营业时，将票款划给持票人。

付款人提前收到由其承兑的商业汇票，应通知银行于汇票到期日付款。付款人在接到通知日的次日起 3 日内未通知银行付款，视同付款人承诺付款，银行应于付款人接到通知日的次日起第 4 日上午开始营业时将票款划给持票人。

银行在办理划款时，付款人存款账户不足支付的，应填制付款人未付款通知书，连同商业承兑汇票邮寄持票人开户银行转交持票人。

付款人存在合法抗辩事由拒绝支付的，应自接到通知日的次日起 3 日内，作成拒绝付款证明（即"拒绝付款理由书"）送交开户银行，银行将拒绝付款证明和商业承兑汇票邮寄持票人开户银行转交持票人。

商业承兑汇票结算流转程序如图 6－15 所示。

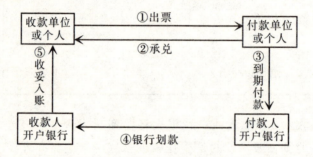

图 6-15　商业承兑汇票结算流转程序

（2）银行承兑汇票的结算程序。银行承兑汇票结算一般也可分为 3 个步骤进行，见表 6－22。

表 6－22　　　　　　　　　银行承兑汇票的结算程序

银行汇票的签发与承兑	承兑申请人（即付款人）持银行承兑汇票和购销合同，向其开户银行申请承兑。银行按有关规定审查同意后，与承兑申请人签订承兑协议一式三联，并在银行承兑汇票上注明承兑协议编号，加盖银行印章，用压数机压印汇票金额后，将第二联银行承兑汇票和第三联解讫通知交给承兑申请人

收款人收款	收款人收到银行承兑汇票后，出纳员应对汇票中记载的收款单位名称及金额等各项目进行严格审查，审查无误后收存。出纳员应在银行承兑汇票提示付款期限内（自汇票到期日起 10 日）填写进账单，在"票据种类"栏注明"银行承兑汇票"字样及号码，并在银行承兑汇票背面加盖预留银行印鉴，然后将汇票连同进账单送交开户银行办理收取票款的手续
到期兑换	银行承兑汇票人（付款人）应于汇票到期前将票款足额交存其开户银行。承兑银行应在汇票到期日或到期日后的见票当日支付票款，银行承兑汇票有出票人的（付款人）于汇票到期日未能足额交存票款的，承兑银行除凭票向持票人无条件付款外，对出票人尚未支付的汇票金额按照每天万分之五计收利息

银行承兑汇票结算流转程序如图 6 – 16 所示。

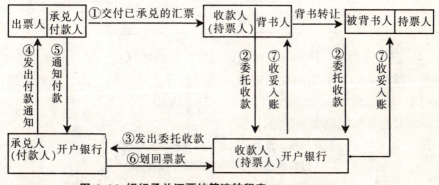

图 6–16 银行承兑汇票结算流转程序

3. 商业汇票的贴现

（1）商业汇票的收款人或被背书人需资金时，可持到期的承兑汇票填写贴现凭证，向其开户银行申请贴现。

"贴现凭证"一式五联。第一联代申请书，由银行作贴现付出传票；第二联收入凭证，由银行作贴现申请人账户收入传票；第三联收入凭证，由银行作贴现利息收入传票；第四联收款通知，由银行给贴现申请人的收款通知；第五联到期后由会计部门按到期日排列保管,到期日作贴现收入传票。贴现凭证第一联的格式见表6-23。

表6-23　　　　　　　　贴 现 凭 证（代申请书）1

此联银行作贴现借方凭证

			申请日期	年 月 日		第 号	
贴现汇票	种 类		号码	持票人	名 称		
	账 号				账 号		
	开户银行	行号			开户银行		
汇票承兑人	名称			账号		开户银行	
汇款金额	人民币（大写）				千百十万千百十元角分		
贴现率 ‰	贴现利息	千百十万千百十元角分	实付贴现金额	千百十万千百十元角分			
附送承兑汇票申请贴现,请审核。　　　持票人签章	银行审批	负责人信贷员	科目（借）＿＿＿ 对方科目（贷）＿＿＿ 复核　　记账				

（2）贴现的期限一律从其贴现之日起至汇票到期日止。实付贴现金额按票面金额扣除贴现日至汇票到期前一日的利息计算。贴现利率按有关规定执行,贴现利率按现有同档次信用贷款利率上浮3%执行。

贴现利息和实付贴现金额的计算公式为:

贴现利息 ＝ 票面到期值 × 贴现天数 × 贴现率

实付贴现金额 ＝ 票面到期值 － 贴现利息

【例6-5】某企业贴现票据的汇票金额为8 000元,贴现天数60天,贴现率月息为9.45‰,则:

贴现利息 ＝ 8 000 × 60 × （9.45‰ ÷ 30）

　　　　＝151.2（元）

实付贴现金额 ＝ 8 000 － 151.2

　　　　　　＝7 848.8（元）

（3）贴现到期,贴现银行向承兑人收取票款。如商业承兑汇票,承兑人的银行账户不足支付时,其开户银行除按规定收取罚款外,应立即将商业承兑汇票退给贴现银行，贴现银行从贴现申请人账户内收取。

【边学边问】我们单位有小额贷款业务，以前都是这样做的：贷款到期后又续贷的，到期时就没有资金往来，只是单位（借款单位）开出收款和付款收据（在同一时间）就是现金一收一付，金额有的在 10 万元左右，不知是不是坐支啊，合不合法？

解析：可以这样操作，不是坐支。

汇兑结算

1. 汇兑及其分类

汇兑是汇款单位委托银行将款项汇往异地收款单位的一种结算方式。

汇兑根据划转款项的不同方法及传递方式的不同可以分为信汇和电汇两种，由汇款人自行选择。信汇是汇款人向银行提出申请，同时交存一定金额及手续费，汇出行将信汇委托书以邮寄方式寄给汇入行，授权汇入行向收款人解付一定金额的一种汇兑结算方式。电汇是汇款人将一定款项交存汇款银行，汇款银行通过电报或电传给目的地的分行或代理行（汇入行），指示汇入行向收款人支付一定金额的一种汇款方式。

采用信汇的，汇款单位出纳员应填制一式四联"信汇凭证"。"信汇凭证"第一联为"回单"，是汇出行受理信汇凭证后给汇款人的回单；第二联为"支款凭证"，是汇款人委托开户银行办理信汇时转账付款的支付凭证；第三联为"收款凭证"，是汇入行将款项收入收款人账户后的收款凭证；第四联为"收账通知或取款收据"，是给直接记入收款人账户后通知收款人的收款通知，或不直接记入账户的收款人凭以领取款项的取款收据。

电汇凭证一式三联，第一联为"回单"，是汇出行给汇款人的回单；第二联为"支款凭证"，为汇出银行办理转账付款的支款凭证；第三联为"发电依据"，汇出行凭此向汇入行拍发电报。

汇兑结算的基本规定见表 6 - 24。

表 6－24　　　　　　　　　　　汇兑结算的基本规定

没有起点的限制	汇兑结算不论汇款金额多少均可以办理信汇和电汇结算
支取现金的规定	收款人要在汇入银行支取现金，付款人在填制信汇或电汇凭证时，须在凭证"汇款金额"大写金额栏中填写"现金"字样。款项汇入异地后，收款人需携带本人的身份证件或汇入地有关单位足以证实收款人身份的证明，到银行一次办理现金支付手续。信汇或电汇凭证上未注明"现金"字样而需要支取现金的，由汇入银行按现金管理规定审查支付；需部分支取现金的，收款人应填写取款凭证和存款凭证送交汇入银行，办理支取部分现金和转账手续
留行待取的规定	汇款人将款项汇往异地需派人领取的，在办理汇款时，应在签发的汇兑凭证各联的"收款人账号或地址栏注明"留行待取字样。留行待取的汇款，需要指定单位的收款人领取汇款的，应注明收款人的单位名称；信汇凭鉴支取的，应在第四联凭证上加盖预留的收款人印鉴。款项汇入异地后，收款人须携带足以证明本人身份的证件，或汇入地有关单位足以证实收款人身份的证明向银行支取款项。如信汇凭印鉴支取的，收款人必须持与预留印鉴相符的印章，经银行验对无误后，方可办理支款手续
分次支取的规定	收款人接到汇入银行的取款通知后，若收款人需要分次支取的，要向汇入银行说明分次支取的原因和情况，经汇入银行同意，以收款人名义设立临时存款账户，该账户只付不收，结清为止，不计利息
转汇的规定	收款人如需将汇款转到另一地点，应在汇入银行重新办理汇款手续。转汇时，收款人和用途不得改变，汇入银行必须在信汇或电汇凭证上加盖"转汇"戳记

退汇的规定	汇款人对汇出的款项申请退汇时，应出具正式函件，说明要求退汇的理由或本人身份证明和原件、电汇凭证回单，向汇出银行办理退汇。汇出银行审查后，通知汇入银行，经汇入银行查实款项确未解付，方可办理退汇。如汇入银行回复款项已经解付或款项已直接汇入收款人账户，则不能办理退汇。此外，汇入银行对于收款人拒绝接受的汇款，应立即办理退汇。汇入银行对从发出取款通知之日起，两个月内仍无法交付的款项，可主动办理退汇

2. 汇兑结算程序

（1）办理汇款。汇款人委托银行办理汇兑结算时，应填制汇兑凭证，采用邮寄划款的填制一式四联的信汇凭证，采用电报划款的填制一式三联的电汇凭证。如需要注明"留行待取"、"现金"或"不得转汇"字样的，在有关栏目填写。填好后，在第二联"汇款人签章"处加盖预留银行印鉴，交开户银行办理划款手续。银行经审核无误后将第一联回单盖章后退回汇款人，作为汇款人编制付款凭证、登记银行存款日记账的依据。

（2）办理进账或取款。

①在银行开立存款账户的收款人收到汇入银行转来的信汇凭证第四联收账通知，要认真核对凭证所填收款人是否为本单位，金额及汇款用途是否正确，确认此款为本单位应收取的款项后，根据收账通知及有关原始凭证编制收款凭证，出纳人员据以登记银行存款日记账。采用电划结算方式的，收款人收到汇入银行的电划贷方补充报单第三联（汇入行加盖转讫章代收账通知）后，按汇入银行的通知办理转账。

②未在银行开立存款账户的收款人，信、电汇的取款通知为"留行待取"的，在向汇入银行支取款项时，必须交验本人的身份证件，在信、电汇凭证上注明证件名称、号码及发证机关，在"收款人签盖章"处签章；信汇凭签章支取的，收款人的签章必须与预留信汇凭证上的签章相符。银行审查无误后，以收款人的姓名开立应解汇款及临时存款账户，该账户只付不收，付完清户，不计付利息。

收款人需要转账支付的，应由原收款人向银行填制支票凭证，并由本人交验其身份证件办理转账，该账户的款项只能转入单位或个体工商户的存款账户，严禁转入储蓄和信用卡账户。

收款人在汇入地因故需办理转汇的，可以持取款通知和有关证件，请求汇入银行重新办理信、电汇手续，将款项汇往其他地方。按照规定，转汇的收款人必须是原收款人，汇入银行办理转汇手续必须在信、电汇凭证上加盖"转汇"戳记。汇兑凭证备注栏注明"不得转汇"字样的，汇入银行不予办理转汇。

③需要在汇入银行支取现金的，信、电汇凭证上必须有按规定填明的"现金"字样，收款人信汇凭证第四联取款通知（或电划贷方补充报单三联），并携带有关身份证件到汇入银行取款。汇入银行审核无误后一次性办理现金支付手续。未填明"现金"字样，需要支取现金的，由汇入银行按照国家现金管理规定审查支付。

（3）申请撤销和退汇手续。汇款人对汇出银行尚未汇出的款项可以申请撤销。申请撤销时，应出具正式函件或本人身份证件及原信、电汇回单。汇出银行查明确未汇出款项的，收回原信、电汇回单，办理撤销。

汇款人对汇出银行已经汇出的款项可以申请退汇。对在汇入银行开立存款账户的收款人，由汇款人与收款人自行联系退汇；对未在汇入银行开立存款账户的收款人，汇款人应备正式函件或本人身份证件连同信、电汇回单，向汇出银行申请退汇，由汇出银行通知汇入银行，经汇入银行核实汇款确未支付，并将款项汇回汇出银行，方可办理退汇。

汇兑结算应注意事项为：

汇款人办理异地汇款时，可根据款项汇入地点的远近和时间的要求，选择信汇或电汇结算方式。填写汇款凭证时，要按照凭证各栏要求，详细填明汇入地点、行名、收款人及汇款用途等项内容，并在第二联上加盖预留银行印鉴章。

根据结算规定，信汇汇款可附带与汇款有关的少量单证，要认真地对凭证的内容进行审查，主要查看凭证收款人全称和账号是否与本单位的全称和账号一致，汇款用途是否与本单位有关，汇入银行是否加盖了转讫印章。在确认属于本单位款项但又用途不明的情况下，应及时与本单位有关部门联系，尽快查明款项用途，从而准确归属有关核算账户。

【边学边问】写错的支票和电汇单如何处理?

解析:支票写错了,在上面注上"作废"两字,等下次购支票时带上给银行注销就行。电汇单写错了可以直接扔掉不要。

【边学边问】给对方电汇和银行汇票具体有什么区别呢?

解析:电汇是通过银行直接将款项汇到对方账户,银行会收取一定的手续费。相对来说,电汇手续简单,没什么风险。

而银行汇票是出票银行签发的,由其在见票时按照实际结算金额无条件支付给收款人或者持票人的票据。银行汇票的出票银行为银行汇票的付款人。其基本规定有:

(1) 单位和个人各种款项结算,均可使用银行汇票。银行汇票可以用于转账,填明"现金"字样的银行汇票也可以用于支取现金。

(2) 银行汇票的提示付款期限自出票日起1个月。持票人超过付款期限提示付款的,代理付款人不予受理。

(3) 申请人使用银行汇票,应向出票银行提交"银行汇票申请书",填明收款人名称、汇票金额及用途、申请人名称及账号、申请日期等事项并签章,签章为其预留银行的签章。

(4) 收款人受理申请人交付的银行汇票时,应在出票金额以内,根据实际需要的款项办理结算,并将实际结算金额和多余金额准确、清晰地填入银行汇票和解讫通知的有关栏内。

(5) 收款人可以将银行汇票背书转让给被背书人。

(6) 在银行开立存款账户的持票人向开户银行提示付款时,应在汇票背面"持票人向银行提示付款签章"处签章,签章须与预留银行签章相同,并将银行汇票和解讫通知、进账单送交开户银行。银行审查无误后办理转账。

委托收款结算

1. 委托收款及其适用范围

委托收款,是指收款人委托银行向付款人收取款项的结算方式。

凡在银行或其他金融机构开立账户的单位和个体经济户的商品交易,公用事业单位向用户收取水费、邮电费、煤气费、公房租金等劳务款项以及其他应收款项，凡在同城范围内，均可使用委托收款的结算方式。

委托收款凭证一式四联：第一联，付款人开户银行作借方凭证；第二联，付款人开户银行给付款人的支款通知；第三联，收款人开户银行作贷方凭证；第四联，收款人开户银行给收款人的回单。待款项收妥后，即为收账通知。

2. 委托收款结算程序

（1）委托收款结算的基本规定（如图6-17所示）。

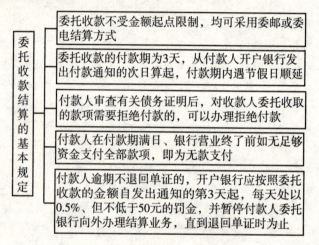

委托收款结算的基本规定：
- 委托收款不受金额起点限制，均可采用委邮或委电结算方式
- 委托收款的付款期为3天，从付款人开户银行发出付款通知的次日算起，付款期内遇节假日顺延
- 付款人审查有关债务证明后，对收款人委托收取的款项需要拒绝付款的，可以办理拒绝付款
- 付款人在付款期满日、银行营业终了前如无足够资金支付全部款项，即为无款支付
- 付款人逾期不退回单证的，开户银行应按照委托收款的金额自发出通知的第3天起，每天处以0.5%、但不低于50元的罚金，并暂停付款人委托银行向外办理结算业务，直到退回单证时为止

图6-17 委托结算的基本规定

（2）委托收款结算的基本程序（如图6-18所示）。

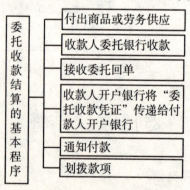

委托收款结算的基本程序：
- 付出商品或劳务供应
- 收款人委托银行收款
- 接收委托回单
- 收款人开户银行将"委托收款凭证"传递给付款人开户银行
- 通知付款
- 划拨款项

6-18 委托收款结算的基本程序

3. 委托收款结算注意事项

委托收款方式使用灵活，在实际工作中，还会发生一些特殊形式的委托收

款方式，主要有三方交易的委托收款方式，代办发货、代理收货的委托收款方式以及同城特约委托收款方式等。

（1）三方交易、直达结算的委托收款。三方交易、直达结算是指批发单位、销货单位以及购货单位都不在一地，批发单位委托销货单位直接向购货单位发货，而货款则由批发单位分别与购销双方进行结算的一种交易。这种做法适用于批发单位和购货单位的交易需要经过代理中间商的交易活动。销货单位根据三方签订的合同，由批发单位直接向购货单位发货，同时由销货单位填制两套"委托收款凭证"，并附上有关单据，将其同时提交开户银行办理委托收款手续。其中，一份以销货单位的名义，向批发单位收款，货款划回销货单位开户银行，收进销货单位账户；另一份以批发单位的名义，向购货单位收款，货款直接划回批发单位开户银行，收进批发单位账户。购货单位对批发单位、批发单位对销货单位发生拒付或无款支付的，均按照前述有关规定办理。

（2）代办发货的委托收款。代办发货是指销货单位与代办发货单位不在一地，销货单位与代办发货单位订立代办发货委托收款合同，由销货单位委托代办发货单位向购货单位发货，并由代办发货单位代销货单位办理委托收款手续，向购货单位收款。代办发货单位根据销货单位的通知向购货单位发货后，以销货单位名义填制委托收款凭证，并在凭证上加盖代办发货单位的印章，送交代办发货单位开户银行，向购货单位收取款项，再将货款划回销货单位开户银行，收入销货单位银行存款账户。在这种方式下，代办发货单位只办理代办发货和代办委托收款手续，不发生结算关系，购货单位拒付或无款支付等都由销货单位和购货单位按照上述有关规定办理。

（3）同城特约委托收款。在同城范围内，收款人收取公用事业费或根据国务院的规定，收取有关款项时，可以使用同城特约委托收款。使用这种结算方式的要求是：

①收取公用事业费必须具有收付双方事先签订的经济合同。
②由付款人向开户银行授权，通知银行按约收款。
③经开户银行同意，报经中国人民银行当地分支行批准。

托收承付结算

1. 托收承付及其适用范围

托收承付结算，是指根据购销合同由收款人发货后委托银行向异地购货单位收取货款，购货单位根据合同核对单证或验货后，向银行承认付款的一种结算方式。

托收承付结算方式只适用于异地订有经济合同的商品交易及相关劳务款项的结算。代销、寄销、赊销商品的款项，不得办理异地托收承付结算。

托收承付业务具有使用范围较小，监督严格且信用度较高的特点，根据《支付结算办法》的规定，单位办理托收承付业务时，必须符合以下条件，如图 6-19 所示。

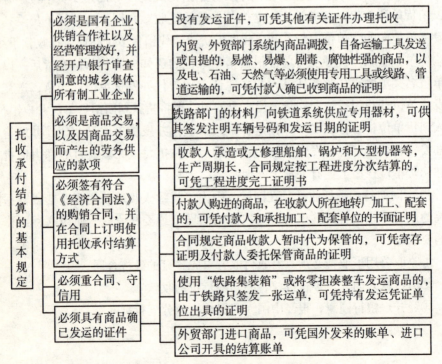

图 6-19 托收承付结算的基本规定

2. 托收承付结算程序及注意事项

（1）托收承付结算程序。具体结算程序见表6－25。

表6－25　　　　　　　　　　　托收承付结算程序

托收承付结算程序	（1）收款人发出商品
	（2）收款人委托银行收款
	（3）收款人开户行将托收凭证传递给付款人开户行
	（4）付款人开户行通知付款人承付
	（5）付款人承认付款
	（6）银行间划拨款项
	（7）通知收款人货款收妥入账

（2）托收承付结算注意事项。托收承付结算方式分托收与承付两个阶段。两种结算方式的注意事项见表6－26。

表6－26　　　　　　　　　　　托收承付结算注意事项

| 托收是指销货单位（即收款单位）委托其开户银行收取款项的行为 | 办理托收时，必须具有符合合同法规定的经济合同，并在合同上注明使用托收承付结算方式和遵守"发货结算"的原则。所谓"发货结算"是指收款方按照合同发货，并取得货物发运证明后，方可向开户银行办理托收手续。托收金额的起点为10 000元。款项划转方式有邮划和电划两种，电划比邮划速度快，托收方可以根据缓急程度选用 |
| 承付是指购货单位（即付款单位）在承付期限内，向银行承认付款的行为 | 承付方式有两种，即验单承付和验货承付。验单承付是指付款方接到其开户银行转来的承付通知和相关凭证并与合同核对相符后，就必须承认付款的结算方式。验单承付的承付期为3天，从付款人开户银行发出承付通知的次日算起，例假日顺延。验货承付是指付款单位除了验单外，还要等商品全部运达并验收入库后才承付货款的结算方式。验货承付的承付期为10天，从承运单位发出提货通知的次日算起，节假日顺延 |

付款方若在验单或验货时发现货物品种、规格、数量、质量、价格等与合同规定不符，可在承付期内提出全部或部分拒付的意见。拒付款项要填写"拒

149

绝承付理由书"送交其开户银行审查并办理拒付手续。应注意，拒付货款的商品是对方所有，必须妥善为其保管。付款人在承付期内未向开户银行提出异议，银行作默认承付处理，在承付期满的次日上午将款项主动从付款方账户划转到收款方账户。

付款方在承付期满后，如果其银行账内没有足够的资金承付货款，其不足部分作延期付款处理。延期付款部分要按一定比例支付给收款方赔偿金。待付款方账内有款支付时，由付款方开户银行将欠款及赔偿金一并划转给收款人。

信用卡结算

1. 信用卡概念及其适用范围

（1）信用卡的概念。信用卡，是指由银行或专营机构签发，可在约定银行或部门存取现金、购买商品及支付劳务报酬的一种信用凭证。持卡人可在同城和异地凭卡支取现金、转账结算和消费信用等。信用卡在国外运用较为广泛，而我国信用卡业务仍处于发展阶段。

随着信用卡业务的发展，信用卡的种类不断增多，用途也各种各样，不胜枚举。我国国内发行的信用卡主要是贷记卡，是指发卡银行给予持卡人一定的信用额度，持卡人可在信用额度内先消费，后还款。

信用卡产生的结算关系一般涉及三方当事人，即银行、持卡人和商户。商户向持卡人提供商品或服务的商业信用，然后向持卡人的发卡行收回货款或费用，再由发卡行或代办行向持卡人办理结算。信用卡的这种功能有利于减少现金货币的使用，节约流通费用，扩大银行转账结算范围，增加银行信贷资金来源，同时也有利于方便购物消费，维护支付人的资金安全，并且还可简化收款手续，节约社会劳动。自改革开放以来，我国信用卡业务发展十分迅速。迄今为止，中国银行、中国工商银行、中国农业银行、中国建设银行已分别先后向社会推出了"长城卡"、"牡丹卡"、"金穗卡"、"万事达"、"VISA"，一些地方银行亦在各地发行了自己的信用卡。

（2）信用卡的种类（如图 6 - 20 所示）。

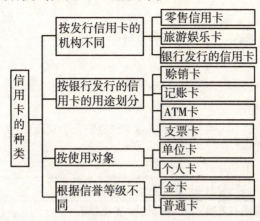

图 6 - 20　信用卡的种类

2. 信用卡在特约单位购物消费的程序

持卡人持信用卡在特约单位购物消费时，应按以下程序进行，如图 6 - 21 所示。

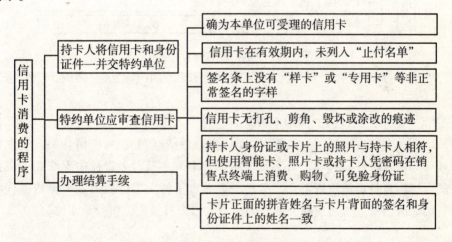

图 6 - 21　信用卡消费的程序

3. 信用卡透支、销户及挂失

（1）信用卡的透支。根据《支付结算办法》的规定，信用卡的持卡人在信用卡账户内资金不足以支付款项时，可以在规定的限额内透支，并在规定期限内将透支款项偿还给发卡银行。但是，如果持卡人进行恶意透支的，即超过规定限额或规定期限，并经发卡银行催收无效的，持卡人必须承担相应的法律责任。各银行规定的透支额度及利息都有所不同，在此不一一列举。

（2）信用卡的销户。持卡人不需要继续使用信用卡的，应持信用卡主动到发卡银行办理销户。持卡人办理销户时，如果账户内还有余额，属单位卡的，则应将该账户内的余额转入其基本存款账户，不得提取现金；个人卡账户可以转账结算，也可以提取现金。

持卡人透支之后，只有在还清透支利息后，在下列情况下可以办理销户，如图 6 - 22 所示。

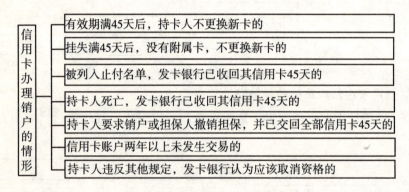

信用卡办理销户的情形

有效期满45天后，持卡人不更换新卡的

挂失满45天后，没有附属卡，不更换新卡的

被列入止付名单，发卡银行已收回其信用卡45天的

持卡人死亡，发卡银行已收回其信用卡45天的

持卡人要求销户或担保人撤销担保，并已交回全部信用卡45天的

信用卡账户两年以上未发生交易的

持卡人违反其他规定，发卡银行认为应该取消资格的

图6-22 信用卡办理销户的情形

发卡银行办理销户，应当收回信用卡。有效信用卡无法收回的，应当将其止付。

（3）信用卡的挂失。信用卡丢失后，持卡人应立即持本人身份证件或其他有效证明，并按规定提供有关情况，向发卡银行或代办银行申请挂失。发卡银行或代办银行审核后办理挂失手续。如果持卡人不及时办理挂失手续而造成损失的，则应自行承担该损失；如果持卡人办理了挂失手续而因发卡银行或代办银行的原因给持卡人造成损失的，则应由发卡银行或代办银行承担该损失。

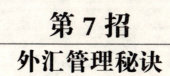

第 7 招
外汇管理秘诀

本章主要内容

☆外汇管理

☆外币业务核算

☆主要外币业务的处理

外汇管理

1. 外汇、汇率

（1）外汇。外汇不等于人们常说的外币，它是国际结算业务中的一个重要概念，出纳人员在办理涉外收支结算业务时，必须掌握外汇的基本常识，才能顺利地完成各项外汇工作任务。

根据 1996 年国务院发布的《外汇管理条例》的规定，外汇是指外国货币或者以外国货币表示的可用于国际清偿的支付手段和资产，即一切在国内外银行的外币存款，在国外能得到偿付的外币、外币票据、各种支付凭证、股票和债券，以及可以用来清偿国际债务的其他资产，都属于外汇的范畴。具体包括以下内容：

①外国货币，包括纸币、铸币。

②外币支付凭证，包括票据、银行存款凭证、邮政储蓄凭证等。

③外币有价证券，包括政府债券、公司债券、股票等。

④特别提款权、欧洲货币单位。

⑤其他外汇资产。

（2）汇率。汇率是外汇的价格，是一个国家货币折算成另一个国家货币的比率或比价。要将不同国家间的货币进行折算，就要明确标价方法和汇率种类，才能在外汇结算业务中准确进行外币折算。

①汇率的标价。在进行外汇折算时，由于选择计价货币的标准不同，可以分为两种标价方法：

● 直接标价法。是以一定单位的外国货币，折算为相应数量的本国货币价格的方法。现在世界上大部分国家（或地区）采用此法，我国也是如此。例如：1 美元 = 6.8320 元人民币，即表示为用 1 美元可以兑换到 6.8320 元人民币。在直接标价法下，固定单位的外国货币兑换本国货币的数值增大，称之为外国货币汇率上升，表示外国货币升值，本国货币贬值；反之则表示外国货币汇率下降，本国货币升值，外国货币贬值。

●间接标价法。是以一定单位的本国货币，折算为相应数量的外国货币价格的方法。英国一直采用间接标价法。例如：1 英镑 = 1.8065 美元，即表示用 1 英镑可以兑换到 1.8065 美元。

②汇率的种类。汇率由于其具有时效性强和受环境影响大的特点，按不同的情况有以下分类方法：

●买入汇率和卖出汇率。在我国，外汇收支一般均集中在商业银行和政策性单位，它们在收支外汇的过程中实行外汇买卖，以赚取买卖差价，其外汇标价方法可以分为买入汇率、卖出汇率和中间汇率。

买入汇率又称买入价，是指银行向持汇人（包括企业）买入外汇时所标明的汇率。

卖出汇率又称卖出价，是指银行向购汇人（包括企业）卖出外汇时所标明的汇率。

中间汇率是指买入价和卖出价的平均价，等于买价加卖价之和除以 2。例如，2008 年某日，银行当天的美元买入价为 1 美元 = 6.8183 元人民币，当天的美元卖出价为 1 美元 = 6.8457 元人民币，则美元中间价为 1 美元 = 6.8320 元人民币。对于企业而言，银行买入价则是企业的卖出价，银行卖出价则是企业的买入价，切记不可混淆。

●即期汇率和远期汇率。汇率时效性相当强，例如，1 月 5 日汇率为 1 美元 = 7.2779 元人民币，但 1 月 6 日汇率可能是 1 美元 = 7.2790 元人民币，后天则可能是 1 美元 = 7.2765 元人民币等。在这种情况下，可按外汇买卖交割时间的长短来划分汇率。

即期汇率是指双方买卖成交后，在当天或于两天内付款，实行交割的汇率。

远期汇率又称为期汇汇率，是指外汇买卖在未来某一约定时期交割的汇率，常在外币交易套期保值业务和外币约定套期保值业务中为避免外汇汇率变动风险或进行投机性交易时采用。

●国际汇兑方式下的汇率。电子国际汇兑结算业务中，由于信用工具和外汇收付时间的不同，可分为电汇、信汇和票汇汇率。

电汇汇率是以电报、海底电缆或电传传达付款时所使用的汇率，由于不受利息因素的干扰，也无外汇风险，一般被视为汇率基准。

信汇汇率是以信函传达付款通知时使用的汇率。

票汇汇率是指银行买卖外币资产、支票或其他票据时所使用的汇率，由于付款时间不同可分为即期和远期票汇汇率。

2. 外汇账户的开立、使用、变更及闭户

（1）开户。

①开立外汇账户的注意事项。

• 凡符合《境内外汇账户管理规定》的境内机构、驻华机构（以下简称开户单位）均可开立外汇账户。

• 开户单位在申请开户时，可根据本单位情况自行选择开户银行。开户银行限于经批准经营外汇业务的各总行及其分支行。

• 开户单位应按外汇局要求提供开户所需的全部材料，经批准开户后，应在 30 个工作日之内凭《开立外汇账户批准书》到开户银行办理开户手续。开户银行应填写《开立外汇账户批准书》的回执联并退开户单位，开户单位须于开户后 5 个工作日内持回执书到外汇局领取《外汇账户使用证》。凡超出 30 个工作日，开户单位未到开户银行办理开户手续的，外汇局颁发的《开立外汇账户批准书》自动作废。

• 同一性质的外汇账户，一个开户单位原则上只允许开立一个。如因业务需要，确需开立两个以上账户的，外汇局将根据具体情况严格审批。

• 开户单位如丢失《开立外汇账户批准书》或《外汇账户使用证》，必须登报声明作废，并持登报声明及补办申请到外汇局办理补办手续。

②开立外汇账户所需条件。

• 中资企业经常项目外汇结算账户。

有进出口经营权的外经贸公司年进出口总额在等值 3 000 万美元以上，注册资本 1 000 万元人民币以上；有进出口经营权的生产型企业年进出口额在等值 1 000 万美元以上，注册资本 3 000 万元人民币以上。

在工商行政管理部门注册登记的法人。

企业财务状况良好。

• 中资企业外汇专用账户。

贸易项下进口代理、贸易专项账户（贸易专项包括中标项下、大型机电产品出口、投标保证金、先收后支转口贸易等）需提供材料：开户申请函；企业营业执照；外经贸部关于对外经营权的批复；与开户相关的合同；有关国内单位外汇来源材料；外汇局要求的其他材料。

捐赠、援助款外汇账户需提供材料：开户申请函；有些单位须提供民政部颁发的社团登记证或人民银行对成立基金会的批件；已生效的捐赠协议、意愿书或援助协议；有些单位须提供接受援助的有关部门的授权书；外汇局要求的其他材料。

专项代理业务外汇账户需提供材料：开户申请函；企业营业执照；国家主管部、委、局对经营有关代理业务的批件；货运公司还需提供其国际货物运输代理企业批准证书。

国际海洋运输业务和远洋运输公司、外运公司和租船公司外汇账户需提供材料：开户申请函；企业营业执照；交通部等主管部门的批准件。

国际旅行社外汇账户需提供材料：开户申请函；营业执照；国家旅游局对国际旅行社资格的批件；国家旅游局核准的上年度"一类旅行社退款账户年度累计存款申请表"。

其他类特殊情况，按外汇局的要求提供有关开户材料。

③开立外汇账户的要求。

• 如需开立外汇账户，其开户申请书应是正式公函，必须盖有单位公章，申请内容明确，开户申请书中必须写明外汇资金来源、用途情况、开户银行、开户币种；如是专项账户还需说明项目、有关情况和开户期限，以及外汇局要求提供的其他材料。

• 开户需持外汇局要求的有关材料的正本及其复印件。

• 接受捐赠或援助的单位必须是国内民间组织、科研院所、大专院校等国内事业单位，并按捐赠或援助协议规定将捐赠款项用于境外支付。

• 如不符合上述要求，一律退回，不进行审核。

(2) 使用。

①开户单位办理账户收付时，必须向银行出具《外汇账户使用证》。开户银行凭《外汇账户使用证》规定的账户收支范围为开户单位办理账户的收付业务。任何开户单位及开户银行未经外汇局批准，不得超范围使用账户。

②开户单位须按《开立外汇账户批准书》及《外汇账户使用证》中有关账户最高限额、使用期限、结汇方式等规定使用账户，不得超范围、超期限使用

账户。

对于净收入需结汇的账户，开户单位应及时办理结汇。因项目进展问题需延期使用的账户，应提前向外汇局申请，未经批准不得擅自延期。

③经批准开立的外汇账户每年必须参加年检。开户单位须遵照《境内机构中资企业经常项目外汇账户年检规定》及有关补充规定执行。年检时间为每年的1～4月份。账户的具体检查工作由开户单位委托的会计师事务所进行。外汇局每年核定一次指定会计师事务所名单，并向开户单位公布。开户单位自行选择会计师事务所对其账户进行年检。

④年检中及日常监管中经常发现的违规使用账户的行为包括：

- 未经批准开立外汇账户。
- 出租、出借、转让外汇账户。
- 擅自改变账户使用范围。
- 擅自超出外汇局核定的账户最高金额、使用期限使用账户。
- 违反其他有关外汇管理规定。

（3）变更。

①开户单位经批准开户后，半年内不允许转户。开户半年后，如因单位迁址，或原开户银行服务不规范，给账户使用造成不便，可申请转户。但如果单纯因为银行强拉存款等商业竞争原因，外汇局不予办理转户手续。

②转户程序。开户单位办理转户手续时，须持单位转户申请和原《开立外汇账户批准书》及《外汇账户使用证》到外汇局申请转户。外汇局经审核同意后，向其颁发《外汇账户转户批准书》。开户单位持此批准书到银行办理转户手续。

（4）闭户。

①因正常业务终止需要关闭账户。开户单位如无进一步使用外汇账户的需要，应持闭户情况说明、《开立外汇账户批准书》及《外汇账户使用证》先到外汇局办理备案，外汇局收回《外汇账户使用证》后，核发《撤销外汇账户通知书》，开户单位凭此到银行办理闭户手续。开户单位应于闭户后十个工作日内将银行清户材料送外汇局。

②因违规使用账户被外汇局勒令撤销账户。外汇局在年检或现场检查中发现开户单位有情节较重的违规使用账户的行为时，可勒令开户银行撤销违规账

户。银行凭外汇局出具的《撤销外汇账户通知书》或相关文件办理销户手续。开户单位应在接到银行闭户证明十天内持银行闭户材料、《开立外汇账户批准书》及《外汇账户使用证》到外汇局注销账户。

3. 外汇管理法规

（1）外汇收入管理。按照有关规定，我国境内机构的经常项目外汇收入必须调回国内；资本项目外汇收入除国务院另有规定外，也应当调回国内。同时境内机构的外汇收入实行申报管理制度，企业在对外汇收入进行管理时，要分清收汇项目、结汇项目以及不结汇项目的区别，对不同性质的收入项目进行管理，并按有关规定开立和使用外汇账户，及时办理外汇核销事宜，才能更好地完成外汇结算工作。

①全额结售外汇项目。按照中国人民银行发布的《结汇、售汇及付汇管理规定》的要求，取得属于下列范围的外汇收入（第⑦、⑧、⑩条另有规定的除外）的境内机构（外商投资企业除外），均应按银行挂牌汇率全部结售给外汇指定银行（指经批准允许经营外汇业务的中资、外资、中外合资和外国银行）：

- 出口或先支后收转口货物及其他交易行为取得的外汇。
- 境外贷款项下国际招标中标收入的外汇。
- 海关监管下境内经营免税商品收入的外汇。
- 交通运输（包括各种运输方式）及港口（包括海港、空港）、邮电（不包括国际汇兑款）、旅游、广告、咨询、展览、寄售、维修等行业及各类代理业务提供商品或服务收入的外汇。
- 行政、司法机关收入的各项外汇规费、罚没款等。
- 土地使用权、著作权、商标权、专利权、非专利技术、商誉等无形资产转让收入的外汇。
- 向境外出售房地产及其他资产收入的外汇。
- 境外投资企业收回的外汇利润，对外经援项下收回的外汇和境外资产的外汇收入。
- 对外索赔收入的外汇、退回的外汇保证金等。
- 保险机构受理外汇风险所得外汇的收入。
- 取得《经营外汇业务许可证》的金融机构经营外汇业务的收入。
- 国外捐赠、资助及援助收入的外汇。

● 国家外汇管理局规定的其他应结汇的外汇。

②结汇项目。按照规定，境内机构（不含外商投资企业）的下列外汇，可以向国家外汇管理局及其分支局申请，在取得外汇局核发的开户凭证后，在经营外汇业务的银行开立外汇账户，按照规定办理结汇：

● 经营境外承包工程，向境外提供劳务、技术合作及其他服务业务的公司，在上述业务项目进行过程中收到的业务往来外汇。

● 从事代理对外或境外业务机构代收代付的外汇。

● 暂收代付或暂收代结项下的外汇：包括境外汇入的投标保证金、履约保证金。先收后支的转口贸易收汇、邮电部门办理国际汇兑业务的外汇汇兑款、一类旅行社收取的国外旅游机构预付的外汇、铁路部门办理境外保价运输业务收取的外汇、海关收取的外汇保证金、抵押金等。

● 保险机构受理外汇保险，需向外分保以及尚未结算的保费。

上述各项外汇，根据会计制度按期结算实现的收入，应全部结售给外汇指定银行。

③不结汇项目。境内机构在取得外汇局核算的开户凭证后，在外汇指定银行开立外汇账户，属于下列范围内的外汇可以保留而不结汇：

● 外商投资企业的外汇。

● 外国驻华使领馆、国际组织及其他境外法人驻华机构的外汇。

● 国家批准专项用于偿还境内外汇债务并经过外汇局审核的外汇。

● 境外法人或自然人作为投资汇入的外汇。

● 境外借款，发行外币债券、股票取得的外汇。

● 捐赠、资助及援助合同规定用于境外支付的外汇经外汇局批准后可以保留。

● 外国居民个人及来华人员个人的外汇。

④外汇收入申报制度。按照《出口收汇核销管理办法的规定》，境内机构在一切出口贸易方式项下的收汇事宜，都要按要求进行收入申报，以便于国家对外汇管理进行宏观调控，其具体步骤如下：

● 出口单位应到当地外汇管理部门申领经外汇管理部门加盖"监督收汇"章的核销单。在货物报关时，出口单位必须向海关出示有关核销单，凭有核销单编号的报关单办理报关手续，否则海关不予受理报关。货物报关后，海关在核销单和有核销单编号的报关单上加盖"放行"章。

•出口单位填写核销单后因故未能出口的,出口单位须向外汇管理部门办理核销单注销手续。

•出口单位报关后,必须及时将有关报关单、汇票副本、发票和核销单存根送当地外汇管理部门以备核销。

•出口单位在向受托行交单时,受托行必须凭盖有"放行"章的核销单受理有关出口单据。凡没有附核销单的出口单据,受托行不得受理。出口单位无论自营出口或委托代理出口,在报关时都必须使用自己的核销单。代理报关单位在为出口单位办完报关手续后,必须及时将核销单和有关报关单退还委托人。

•出口单位用完核销单后,可向当地外汇管理部门核领新的核销单。

•出口单位的一切出口货款,必须在下列最迟收款日期内结汇或收账:

即期信用证和即期托收项下的货款,必须从寄单之日起,港澳和近洋地区20天内、远洋地区30天内结汇或收账。

远期信用证和远期托收项下的货款,必须从汇票规定的付款日起,港澳地区30天内、远洋地区40天内结汇或收款。

寄售项下的货款,出口单位必须在核销单存根上填写最迟收款日期,最迟收款日期不得超过自报关之日起360天。

寄售以外的自寄单据(指不通过银行交单索汇)项下的出口货款,出口单位必须在自报关之日起50个工作日内结汇或收账。

•出口单位不论采用何种方式收汇,必须在最迟收款日期后的30个工作日内,凭解付行签章的核销单、结汇水单或收账通知以及有关证明文件到当地外汇管理部门办理出口收汇核销手续。

•逾期未收汇的,出口单位必须及时向外汇管理部门以书面形式申报原因,由外汇管理部门视情况处理。

(2)外汇支出管理。外汇支付业务涉及很多外汇管理规定,出纳人员在付汇操作过程中,要注意掌握外汇账户付汇制度、银行售汇制度和贸易进口付汇核销制度的有关内容,做到依法付汇,避免外汇风险。

①外汇账户付汇制度。我国境内机构设立了外汇账户的,都要遵守外汇账户付汇的有关规定,办理外汇支付事宜,其主要规定有:

•所有对外支付,有外汇账户的、且支付用途符合外汇账户使用范围的,首先使用外汇账户余额；外汇账户使用范围以外的付汇及没有外汇账户或账户余额不足时，方可购汇。

• 从外汇账户对外支付的，开户银行应根据规定的外汇账户收支范围进行审核，并按相应的用汇规定对其持有的有效凭证进行审核，办理支付。

• 购汇支付和从外汇账户支付的，均须在有关结算方式或合同规定的日期办理，不得提前对外付款；需提前偿还境外债务本息的，经外汇局批准后方可购汇交对方支付。

• 为使有远期支付合同或偿债协议的用汇单位避免汇率风险，外汇指定银行可按有关规定为其办理人民币与外币的远期买卖及其他保值业务。

② 银行售汇制度。涉及企业按规定可以向外汇指定银行购汇支付，银行根据外汇的不同用途采取相应的售汇措施，其兑付项目主要有以下几种：

• 先核查后兑付的项目。境内机构下列贸易及非贸易经营性对外支付用汇，持与支付方式相应的有效商业单据和所列有效凭证从其外汇账户中支付或者到外汇指定银行兑付：

用跟单信用证（保函方式）结算的贸易进口，如需在开证明时购汇，持进口合同、进口付汇核销单、开证申请书；如需在付汇时购汇，还应当提供信用证结算方式要求的有效商业单据。核销时必须凭正本进口货物报关单办理。

用跟单托收方式结算的贸易进口，持进口合同、进口付汇核销单、进口付汇通知书及跟单托收结算方式要求的有效商业单据。核销时必须凭正本进口货物报关单办理。

用汇款方式结算的贸易进口，持进口合同、进口付汇核销单、发票、正本进口货物报关单、正本运输单据，若提单上的"提货人"和报关单上的"经营单位"与进口合同中列明的买方名称不一致，还应当提供两者间的代理协议。

进口项下不超过合同总金额的 15% 或者虽超过 15% 但未超过等值 10 万美元的预付货款，持进口合同、进口付汇核销单。

上述情况项下进口，实行进口配额管理或者特定产品进口管理的货物，还应当提供有关部门签发的许可证或者进口证明；进口实行自动登记制的货物，还应当提供填好的登记表格。

进口项下的运输费、保险费，持进口合同、正本运输费收据和保险费收据。

出口项下不超过合同总金额 2% 的暗佣（暗扣）和 5% 的明佣（明扣）或

者虽超过上述比例但未超过等值 1 万美元的佣金，持出口合同或者佣金协议、结汇水单或者收账通知；出口项下的运输费、保险费，持出口合同、正本运输费收据和保险费收据。

进口项下的尾款，持进口合同、进口付汇核销单、验货合格证明。

进出口项下的资料费、技术费、信息费等从属费用，持进口合同或者出口合同、进口付汇核销或者出口收汇核销单、发票或者收费单据及进口或者出口单位负责人签字的说明书。

从保税区购买商品以及购买国外入境展览展品的用汇，持以上八项规定的有效凭证商业单据。

专利权、著作权、商标、计算机软件等无形资产的进口，持进口合同或者协议。

出口项下对外退赔外汇，持结汇水单或者收账通知、索赔协议、理赔证明和已冲减出口收汇核销的证明。

境外承包工程所需的投标保证金持投标文件，履约保证金及垫付工程款项合同。

• 先售汇后核查的项目。境内机构下列贸易及非贸易经营性对外支付外汇，指定银行凭用户提出的支付清单先购汇，事后核查：

进料加工生产复出口商品的进口，持外经贸部门批准的进料加工合同。

经国务院批准的免税品公司按规定范围经营免税商品的进口支付。

民航、海运、铁道部门（机构）支付境外国际联运费、设备维修费、站场港口使用费、燃料供应费、保险费、非融资性租赁及其他服务费用。

民航、海运、铁道部门（机构）支付国际营运人员伙食、津贴补助。

邮电部门支付国际邮政、电信业务费用。

• 外汇局审核兑付的项目。境内机构下列贸易及非贸易经营性对外支付，由外汇局审核其真实性后，持外汇局核发的凭证通知单到外汇指定银行购汇：

超过规定比例和金额的预付货款、佣金。

转口贸易项下先支后收发生的对外支付；超过等值 1 万美元的现钞提款；偿还外债利息。

• 资本融资用汇项目。境内机构资本融资项下的下列用汇，持所列有效凭证向外汇局申报，凭外汇局的核准文件到外汇指定银行购汇兑付：

偿还外债和外汇（转）贷款本息、费用，持《外债登记证》或《外汇（转）贷款登记证》、借款合同及债权机构还本付息通知单。

境外外汇担保履约用汇，持担保合同、外汇局核发的《外汇担保登记证》及境外机构支付通知。

境外投资资金的汇出，持项目审批部门的批准文件和投资合同。

外商投资企业的中方投资者经批准需以外汇投入的注册资金，持项目审批部门的批准文件和合同。

• 预算单位的非贸易非经营性用汇项目。财政预算内的机关、事业单位和社会团体的非贸易非经营性用汇，实行人民币预算限额控制购汇，购汇人民币限额由财政部门统一核定，中国银行（含分支机构）根据限额为用汇单位建立账户并监督执行，年终账户余额由银行自动注销，各用汇单位需用汇时，凭"非贸易用汇支出申请书"和人民币支票在核定的限额内到中国银行按当天外汇牌价购汇，经中国银行核对无误后售汇，同时削减用汇单位账户内的购汇人民币限额。用汇单位不得超限额购汇，中国银行不得超限额售汇。

• 预算外单位非经营性用汇项目。财政预算外的境内机构下列非经营性用汇，可持外汇局核发的售汇通知书单到外汇指定银行兑付：

在境外举办展览、招商、培训及拍摄影视等用汇，持合同、境外机构支付通知书及主管部门的批准文件。

对外宣传费、对外援助费、对外捐赠外汇、国际组织会费、参加国际会议的注册费、报名费，持主管部门的批准文件及有关函件。

在境外设立代表处或办事机构的开办费和经费，持主管部门批准设立该机构的批准文件和经费预算书。

在国家教委国外考试协调中心支付境外的考试费，持对外合同和国外考试机构的账单或者结算通知书。

在境外办理商标、版权注册、申请专利和法律咨询服务等所属专项用汇，持合同及相关发票。

因公出国费用，持国家有关部门的出国任务批件。

其他非经营性用汇，持外汇局的批文。

③进口付汇核销制度。按照《贸易进口付汇核销监管暂行办法》的规定，进口单位应按照下列程序办理进口付汇核销事宜：

• 进口单位办理付汇，应当按规定如实填写核销单（一式三联），属于货到汇款的还应当填写有关"进口货物报关单"编号和报关币种金额，将核销单连同其他付汇单证一并送外汇指定银行审核。

• 外汇指定银行在办理付汇手续后，应当将核销单第一联按货到汇款和其他结算方式分类，分别装订成册并按周向进口单位所在地外汇局报送；将第三联退进口单位，第三联与其他付汇单证一并留存5年备查。

• 外汇指定银行对凭备案表付汇的，应当将备案表第一联与核销单第三联一并留存备查；将第二联与核销单第二联退进口单位留存；将第三联与核销单第一联报送本银行所在地外汇局。

• 进口单位应当按月将核销表及所附核销单证报外汇局审查；外汇局应当在有关货物进口报关后1个月内办理核销报审手续。

• 在办理核销报审时，对已到货的，进口单位应当将正本进口货物报关单等核销单证附在相应核销单后（凭备案表付汇的还应当将备案表附在有关核销单后），并如实填写"贸易进口付汇到货核销表"；对未到货的，填写"贸易进口付汇未到货核销表"。

• 外汇局审查进口单位报关的核销表及所附单证后，应当在核销表及所附的各张报关单上加盖"已报审"章，留存核销表第一联，将第二联与所附单证退进口单位。进口单位应当将核销表及所附单证保存5年备查。

（3）外汇管理的处罚规定。由于国家对外汇有着严格的控制，凡涉及外汇业务的企业都必须按有关法规制度执行，否则就会受到法律的处罚和制裁。作为出纳人员必须要熟悉了解有关外汇处罚规定。

①逃汇行为。有下列逃汇行为之一的，由外汇管理机关责令限期调回外汇，强制收兑，并处逃汇金额30%以上5倍以下的罚款；构成犯罪的，依法追究刑事责任：

• 违反国家规定，擅自将外汇存放在境外的。

• 不按照国家规定将外汇卖给外汇指定银行的。

• 违反国家规定将外汇汇出或者携带出境的。

• 未经外汇管理机关批准，擅自将外币存款凭证、外币有价证券携带或者邮寄出境的。

• 其他逃汇行为。

②非法套汇行为。有下列非法套汇行为之一的，由外汇管理机关给予警告，强制收兑，并处非法套汇金额30%以上3倍以下的罚款；构成犯罪的，依法追究刑事责任：

- 违反国家规定，以人民币支付或者以实物偿付应当以外币支付的进口货款或者其他类似支出的。
- 以人民币为他人支付在境内的费用，由对方付给外汇的。
- 以经外汇管理机关批准，境外投资者以人民币或者境内所购物资在境内进行投资的。
- 以虚假或者无效的凭证、合同、单据等向外汇指定银行骗购外汇的。
- 非法套汇的其他行为。

③擅自经营外汇的行为。未经外汇管理机关批准，擅自经营外汇业务的，由外汇管理机关没收违法所得，并予以取缔；构成犯罪的，依法追究刑事责任。

经营外汇业务的金融机构擅自超出批准的范围经营外汇业务的，由外汇管理机关责令改正，有违法所得的，没收违法所得，并处违法所得1倍以上5倍以下的罚款；没有违法所得的，处10万元以上50万元以下的罚款；情节严重或者逾期不改正的，由外汇管理机关责令整顿或者吊销经营外汇业务许可证；构成犯罪的，依法追究刑事责任。

④违反外汇管理的行为。境内机构有下列违反外债管理行为之一的，由外汇管理机关给予警告，通报批评，并处10万元以上50万元以下的罚款；构成犯罪的，依法追究刑事责任：

- 擅自办理对外借款的。
- 违反国家有关规定，擅自在境外发行外币债券的。
- 违反国家有关规定，擅自提供对外担保的。
- 有违反外债管理的其他行为的。

⑤非法使用外汇的行为。境内机构有下列非法使用外汇行为之一的，由外汇管理机关责令改正，强制收兑，没收违法所得，并处违法外汇金额等值以下的罚款；构成犯罪的，依法追究刑事责任：

- 以外币在境内计价结算的。
- 擅自以外汇作质押的。

- 私自改变外汇用途的。
- 非法使用外汇的其他行为。

⑥其他。

- 私自买卖外汇、变相买卖外汇或者倒买倒卖外汇的，由外汇管理机关给予警告，强制收兑，没收违法所得，并处违法外汇金额30%以上3倍以下的罚款；构成犯罪的，依法追究刑事责任。
- 境内机构违反外汇账户管理规定，擅自在境内、境外开立外汇账户的，出借、串用、转让外汇账户的，或者擅自改变外汇账户使用范围的，由外汇管理机关责令改正，撤销外汇账户，通报批评，并处5万元以上30万元以下罚款。
- 境内机构违反外汇核销管理规定，伪造、涂改、出借、转让或者重复使用进出口核销单证的，或者未按规定办理核销手续的，由外汇管理机关给予警告，通报批评，没收违法所得，并处5万元以上30万元以下的罚款；构成犯罪的，依法追究刑事责任。

【边学边问】现汇账户和现钞账户有什么区别？

解析：其区别如下：

（1）现汇和现钞的区别。

现汇是指以外币表示的可以用作国际清偿的支付手段；现钞是指外国货币，包括纸币和铸币。

（2）账户的收入与支出。

现汇账户的收入是各种汇入或转入的现汇款项，现钞的收入一般是返纳的外币现钞；如果单位交纳外币现钞入其单位的现汇账户，需经过现钞折现汇的计算；同样，如果单位从其现汇账户上提取现钞，要经过现汇折现钞的计算。

（3）利息计算。

一般情况下，现汇账户按照规定的利率计算，单位现钞账户不计息。

【边学边问】哪种外汇收入必须结汇?

解析:国内单位取得以下的外汇收入的必须结汇,不能保留外汇。

(1) 出口或者先支后收转口货物及其他交易行为收入的外汇。

其中用跟单信用证/保函和跟单托收方式结算的贸易出口外汇可以凭有效商业单据结汇,用汇款方式结算的贸易出口外汇持出口收汇核销单结汇。

(2) 境外贷款项下国际招标中标收入的外汇。

(3) 海关监管下境内经营免税商品收入的外汇。

(4) 交通运输(包括各种运输方式)及港口(含空港)、邮电(不包括国际汇兑款)、广告、咨询、展览、寄售、维修等行业及各类代理业务提供商品或者服务收入的外汇。

(5) 行政、司法机关收入的各项外汇规费、罚没款等。

(6) 土地使用权、著作权、商标权、专利权、非专利技术、商誉等无形资产转让收入的外汇,但上述无形资产属于个人所有的,可不结汇。

(7) 境外投资企业汇回的外汇利润、对外经援项下收回的外汇和境外资产的外汇收入。

(8) 对外索赔收入的外汇、退回的外汇保证金等。

(9) 出租房地产和其他外汇资产收入的外汇。

(10) 保险机构受理外汇保险所得外汇收入。

(11) 取得《经营外汇业务许可证》的金融机构经营外汇业务的净收入。

(12) 国外捐赠、资助及援助收入的外汇。

(13) 国家外汇管理局。

外币业务核算

外汇业务属于特殊类型的经济业务,其会计核算方法也有其特定的原则,具体如下:

表 7-1　　　　　　　　　　　外汇业务核算原则

（1）外币账户采用双币记账	即反映外币业务时，在将外币折算为记账本位币入账的同时，还要在账簿上用业务发生的成交货币（原币）入账，以真实全面地反映一笔外汇业务的实际情况
（2）外币核算采用折算入账	企业发生外币业务时，应当将有关外币金额折合为记账本位币金额记账，除另有规定外，所有与外币业务有关的账户，应当采用业务发生时的汇率，也可以采用业务发生当期期初的汇率折合
（3）汇兑损益的账务处理	企业因向外汇指定银行结售或购入外汇时，按银行买入价、卖出价进行交易与市场的汇价产生的汇率差额，作为外币兑换损益计入汇兑损益
（4）外币账户月末余额的账务处理	企业对各外币账户的期末余额要以期末市场汇率折合为记账本位币的金额，以如实反映该外币按月末汇率折算为记账本位币后的实际期末余额，并将折算的期末余额与原记账本位币余额的差额按规定记入该账户和汇兑损益账户
（5）外币分账制的账务处理	对于经营多种货币信贷或融资租赁业务的企业，也可以根据业务的需要，采用分账制。即企业对外币业务在日常核算时按照外币原币进行记账，分别对不同的外币币种核算其所实现的损益，编制各种货币币种的出纳报表，并在资产负债表中一次性地将各外币会计报表折算为记账本位币表示的会计报表，据以编制企业的汇总会计报表

【边学边问】外贸过程中的银行费用该怎么处理呢？

解析：在外贸过程中出纳员需要了解如下内容：

（1）信用证。

①出口议付是指常见的开证行以外的费用由受益人承担的情况。

通知行费用：国内银行除了中行，其他银行基本不收。中行信用证每笔200元，修改150元/笔。外资银行不一定，每家银行都有自己的规定，一般都不止200元。

国内行（议付行）的费用：手续费一般是1.25‰（最低人民币150元）；快邮费：按快递公司的报价实收。电报费：看信用证条款，如需，一般人民币150元一笔，国外行（开证行等）的费用：按各个银行的自己规定和信用证上的规定，一般要扣：付款手续费、电报费等等。如有不符点，还要扣除不符点费、不 符点通知电报费以及其他费用。款项从开证行划出后，经过的银行可能还要扣除一定的划款费用，议付行的账户行也要扣除一笔划款费用。如有保兑行或偿付行等其 他指定银行还要扣除这些银行的业务处理费用。

所以在实务中，国外行费用往往占大头。

②进口开证同上，只讨论常见的开证行以外的费用由受益人承担的情况，就承担一个开证费用，一般按千分之一点五收（最低每笔人民币 300 元）和电报费，各家银行规定不一，300~550 元/笔不等。

（2）托收。

①跟单托收。

●出口托收。

国内行费用：手续费一般为千分之一，最低人民币 100 元/笔；快邮费和电报费同出口议付。

国外行费用：和信用证基本一样，主要是代收行的费用、划款行的费用、收款行（托收行）的账户行的费用。

●进口代收。代收行的费用如由付款人承担，必须在货款外加付这笔费用。我们国内银行每笔代收基本也是按千分之一收手续费，另外再加电报费。

②光票托收。基本和跟单托收一样，只是国内行的最低收费降为人民币 50 元/笔。

（3）电汇。

①汇入汇款：国内银行不收费。不过如果钱划到本市的中行再转到其他银行，中行将收千分之一的无兑换手续费。主要是国外行的费用。如汇款时做的是国外行费用由收款人承担的话，国外行的费用主要由三部分组成，多少不定：汇出行的费用，途中银行的费用，收款行的账户行的费用。如做的是由汇款人承担的话，则可以收到全部货款，无外扣。

②汇出汇款的费用：主要是汇出行的费用。国内银行一般按千分之一收，最低人民币 50 元/笔，最高 2 000 元/笔，外加电报费。

不过如做费用承担是汇出人（OURS）的话，资金划出后途经银行的费用全部由汇出人承担。收款人可以收到全额。

【边学边问】国际结算单据有哪些?

解析:在国际结算业务中会应用到各种的单据,下面我们就对些类国际结算单据进行必要的了解:

(1) 单据的概念。

在国际结算中"单据"包括金融单据和商业单据。金融单据指汇票、本票、支票、或其他用于获得货币付款的相似票据;商业单据主要指非金融单据的其他所有单据,包括运输单据、物权单据或其他相似单据等。

(2) 单据填制的基本要求。

①准确。单据应与合同规定完全相符。若以信用证方式结算,要求做到"单证一致","单单一致"。

②完整。包括内容完整、份数完整、种类完整。

③及时。在信用证项下交单必须掌握装运期、交单期和信用证有效期。

④简明。

⑤整洁。若有个别错误需要更正,必须在更正处加以签署或加盖更正章。

(3) 单据的种类。

常见的单据见表1所示。

表1

项目	基本单据	其他单据
商业单据	商业发票(COMMERCIAL INVOICE)	装箱单(PACKING LIST) 重量单(WEIGHT LIST/CERTIFICATE) 产地证明书(CERTIFICATE OF ORIGIN) 数量单(QUANTITY CERTIFICATE) 受益人证明(BENEFICIARY'S CERTIFICATE) 质量证明书(CERTIFICATE OF QUALITY) 电报抄本(CABLE COPY)
运输单据	提单(BILL OF LADING)	运货单据(TRANSPORT DOCUMENTS) 船运公司证明(SHIPPING COMPANY'S CERTIFICATE) 邮包收据(POST RECEIPTS)
保险单据	保险单(INSURANCE DOCUMENTS)	投保声明
政府单据	海关发票(CUSTOMS INVOICE);领事发票(CONSULAR INVOIC 进出口许可证(EXPORT LICE－NSE)	商检证书

主要外币业务的处理

1. 卖出外汇

企业将其所持有的外币卖给银行，银行按当日买入价折算成人民币付给企业。由于"银行存款（人民币户）"是按实得人民币记账的，而"银行存款（外币户）"等外币账户是按当日市汇价或当期期初市场汇价记账的，由此而产生的买入价与市场汇价的差额，记入"财务费用（汇兑损益）"账户，即借记"银行存款（人民币户）"账户和"财务费用（汇兑损益）"账户，贷记"银行存款（外币户）"账户。有些不允许开立现汇账户的企业，取得的外币收入必须及时地结售给银行，从而成为外币兑换业务。

【例 7-1】某企业以业务发生日的市场汇率作为折合汇率。2007 年 3 月 15 日出口产品，售价1 000美元，当日的市场汇价为 $ 1 = ￥7.77。3 月 22 日收到外汇并结售给银行，当日市场汇价 $ 1 = ￥7.76，银行买入价为 $ 1 = ￥7.71，实际收到人民币 7 710 元。

3 月 15 日应做的会计分录为：

借：应收账款 　　　　　　　　　　　　（$ 1 000 ×7.77）7 770

　　贷：主营业务收入 　　　　　　　　　　　　　　　7 770

3 月 22 日应做的会计分录为：

借：银行存款（人民币户） 　　　　　　（$ 1 000 ×7.71）7 710

　　财务费用 　　　　　　　　　　　　　　　　　　　50

　　贷：应收账款 　　　　　　　　　　　（$ 1 000 ×7.76）7 760

期末，对"应收账款"账户按期末市汇价进行调整，调整后与原账面记账本位币之间的差额，作为汇兑损益，记入"财务费用"账户。

2. 买入外汇

企业买入外币时，银行按卖出价计算并收取人民币。由于"银行存款（人民币户）"是按实付人民币记账的，而"银行存款（外币户）"等外币账户是按当日市场汇价或当期期初市场汇价记账的，由此而产生的银行卖出价与市场汇价的差额，记入"财务费用（汇兑损益）"账户，即借记"银行存款（外币户）"账户，贷记"财务费用（汇兑损益）"账户和"银行存款（人民币户）"账户。

【例7-2】某企业没有现汇账户，其外币业务的核算以业务发生日的市场汇率作为折合汇率。某日企业为归还一笔 1 000 美元的应付账款而向银行购入外汇，当日的市汇价为 $ 1 = ￥6. 85，银行卖出价为 $ 1 = ￥6. 86，企业实际付出人民币 6 860 元。则 1 月 15 日应做的会计分录为：

借：应收账款   （ $ 1 000 ×6. 85） 6 850

　　财务费用   10

　　贷：银行存款   6 860

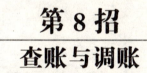

第 8 招

查账与调账

本章主要内容

☆ 账簿处理中的常见错误

☆ 错款和失款是一回事吗

☆ 现金的清查

☆ 银行存款的清查

☆ 错账的查找

☆ 错账的更正方法

账簿处理中的常见错误

1. 会计账簿启用差错主要有哪些?

出现在会计账簿启用中的错误主要有:

(1) 在账簿封面上未写明单位名称和账簿名称。

(2) 在账簿扉页上未附"启用表",或虽附有"启用表",但所列内容不齐全、不完整。

(3) 会计人员调动工作时,未按规定在账簿中注明交接人员、监交人员的姓名或未加签章,无法明确有关责任。

(4) 启用订本式和活页式账簿时,未按规定对其编订页数等。

2. 会计账簿设置错误主要有哪些?

(1) 账簿形式设计不合理。包括装订形式、账页的尺寸、账页划线、印刷颜色及账页用纸等不合理。

(2) 账簿设计不齐全。任何单位必须设置数量能满足需要的总账,对现金和银行存款必须设置日记账,对需要提供详细经济活动情况的总账,还必须在其下设置能够满足需要的明细账。另外,根据工作需要,还应设置若干备查账簿,以反映一些特殊的不能在正规账簿进行反映的经济事项。如对经营租入的固定资产需设置"租入固定资产备查簿"。

在实际工作中存在着账簿设置不齐全的问题主要有:

①未设置应有的总账。

②未设置应有的明细账,或明细账的分类不合理。

③未设置必需的备查簿或设置项目不全。

(3) 所设置的账簿未能很好地形成一个账簿体系。所设计或设置的账簿只有相互联系、相互制约、形成一个有机整体,才能使所设置的账簿真正发挥出综合、系统、全面、连续反映经济活动情况的作用。如有关总账与所属明细账只有存在合理的统驭与被统驭、补充与被补充的相互关系,才能在反映经济活动情况详细程度上形成一个有机的账簿体系；所设计或设置的所有总账或明细账，只有在其内部各账户之间形成一个相互联系、相互制约的有机整体，才能从账簿体系的分层次角度上发挥账簿综合、系统、全面、连续反映经济活动情况的作用。在实际工作中存在着所设计或所设置的账簿或账户未能很好形成一个有机整体的问题。如有的商业企业对库存商品的明细账实行"三账分设"，即会计、业务与保管部门各设一套库存商品明细账，但三套账对库存商品进销存的详细情况所进行的记录或反映缺乏协调与统一，以致造成互不联系，互不衔接，不但不能提供库存商品进销存的准确信息，反而给库存商品的核算与管理带来混乱和麻烦。

3. 会计账簿登记错误主要有哪些？

（1）登记的方式不合理。明细账一般是根据记账凭证和原始凭证登记的，而总账要根据所采用的会计核算形式的不同而选择要根据什么进行登记。在实际工作中存在着所采用的核算形式、登记总账的依据不合理、不能满足生产经营管理需要的问题。

（2）账簿摘要不合理。一种是摘要过于简略或表达不清，使人不能明白到底是什么业务；另一种是摘要虽然写得很好，但所反映的经济业务不合理、不合法。

（3）登记不及时。

（4）账簿中书写的文字和数字所留空距不合理，这样容易给舞弊者增加数字或文字留下可乘之机。

（5）登记账簿所用笔墨不合要求。

（6）登记中发生跳行、隔页的情况。

（7）未按规定结出账簿中账户的余额。

（8）账页登记完毕后未按规定结转下页。

【边学边问】错、失款的含义是什么？

解析：

（1）错款。

错款，是指当日终了或经过一段时间，库存现金的实存数和账存数间的差额。如果现金实存数多于账上结存数，就叫"长款"；反之，则称"短款"。这些长、短款大都是由于工作差错造成的，故应及时查清原因，正确处理。

（2）失款。

失款，是指办完收付款后，发现现金实存数少于现金账存数的差额。失款一般属于人为损失或自然损失的款项。

【边学边问】造成错、失款的原因是什么？

解析：（1）收款中造成差错的原因。

● 一笔款未收完，又接着收第二笔，搞乱缴款者的款项。

● 收款清点完毕，对券别加总数时不认真复核，发生加错金额、看错券别、看错大数、点错尾数等差错。

● 把自己的款与他人的款混淆在一起，误作长款退给了他人。

● 初点不符，复点相符，不再进行第三次核实，实际有误，就作无误收下。

● 缴款者交来的现金零乱，只凭出纳人员初次清查计算的数目为准。

● 忘记将应找补的现金还给缴款者。

● 清点10张或20张的折叠钞票时，只点平版的9张或19张，忽视了折起来的那张。

● 手工清点现金时贪快，有夹杂其中的不同面额的票币未能发现。

● 用机器点完一把钞票，拿起来捆扎时，没有看清接钞台上是否仍留有人民币，或人民币被卷入输送带未发现，以致产生一把多、一把少的现象。

（2）付款中造成差错的原因。

● 备用金的放置不定位，配款时取错券别，既不细看，又不复核，随手付出，或者凭证连同款项一起交给收款人。

● 小沓折叠钞票，每沓不固定，有时10张一沓，有时20张一沓，付出时不复点。

● 未看清凭证上所列的付款金额数，粗心大意，随手付出。

● 贪图方便，付款时不用算盘加计券别，单靠心算，以致出错。

（3）现金收付业务容易发生差错的时间。

●刚上班时，未做好准备工作就接待职工或客户，手忙脚乱，东找西翻，精力分散，容易出错。

●快下班时，急于离岗，思想不集中，未将现金扎结核对就匆忙将其入库上锁。

●工作忙时，应接不暇，过分紧张，不按操作程序办事，极易出错。

●工作闲时，扯闲话，做私活，看书报，无精打采，注意力分散。

●节假日前后精神松懈；节前容易松懈急于等待放假；节后又难于及时平静下来。还有发生突发事件时易出错等。

错款和失款是一回事吗

1. 错款

错款，是指当日终了或经过一段时间，库存现金的实存数和账存数间的差额。如果现金实存数多于账上结存数，就叫"长款"；反之，则称"短款"。这些长、短款大都是由于工作造成的差错，因此应及时查清原因，正确处理。

2. 失款

失款，是指办完收付款后，发现现金实存数少于现金账存数的差额。失款一般属于人为损失或自然损失的款项。

出纳一旦在工作中发生错款或失款，不论是责任事故或意外事故，是人为原因或自身原因，都应立即向主管会计人员报告，如实反映情况，切勿因怕受牵连、受嫌疑或因工作有缺点而隐瞒、掩饰真相，甚至私下制造假象以图推卸责任。

出现差错后，出纳要积极采取有效措施，查明原因，以挽回或减少损失。

3. 错款和失款的处理

在实际工作中，一旦发生现金差错，出纳要采取措施，仔细查找，以挽回损失，更正错误。对确实无法挽回的损失，要在弄清情况的基础上，正确处理，具体的处理要求和方法为：

（1）属于技术性的错误和一般责任事故的错误，经过及时查找，确实无法找回时，按主要部门规定的审批手续处理。技术性错误是指在坚持财经制度的前提下，由于书写、计算、清点或机器故障等原因造成的错误。

（2）属于对工作不负责任，玩忽职守，有章不循，违反劳动纪律而造成的错款、失款，应追究失职人员的经济责任，视情节和损失程度的大小，赔偿全部或部分损失，有的还要给予行政处分。

（3）属于有关人员监守自盗款项，侵吞长款，挪用公款的，应按贪污案件处理。

（4）如发生火灾、水灾等自然灾害，应及时报请领导查看现场，将灾害发生的时间、地点，造成的损失等书面上报。

（5）由于不明原因，正在继续调查，一时难以处理的，应由责任人填具《出纳错款、失款审批报告表》，经会计主管人员签署意见，单位领导批准后，列入有关账户挂账处理，但仍需继续清查，不能草率从事。

（6）各单位发生长短款时，都应在出纳账上进行记录。原因未明的，先记入"其他应付款——现金长款"或"其他应收款——现金短款"账户，已查明原因并经审批后，属本单位负责的，再记入财产溢余或损失。

总而言之，错、失款处理的基本原则是：长款不得溢库，短款不得空库，不得以长补短，也不能不做登记。

现金的清查

1. 现金清查制度

在坚持日清月结制度，由出纳员自身对库存现金进行检查清查的基础上，为了加强对出纳工作的监督，及时发现可能发生的现金差错或丢失，防止贪污、盗窃、挪用公款等不法行为的发生，确保库存现金安全完整，各单位应建立库存现金清查制度，由有关领导和专业人员组成清查小组，定期或不定期地对库存现金情况进行清查盘点，重点放在账款是否相符、有无白条抵库、有无私借公款、有无挪用公款、有无账外资金等违纪违法行为。

一般来说，现金清查多采用突击盘点方法，不预先通知出纳员，以防预先做手脚，盘点时间最好在一天业务没有开始之前或一天业务结束后，由出纳员将截至清查时现金收付账项全部登记入账，并结出账面余额。清查时出纳员应始终在场，并给予积极的配合。清查结束后，应由清查人填制"现金清查盘点报告表"，填列账存、实存以及溢余或短缺金额，并说明原因，上报有关部门或负责人进行处理。

  2. 现金短缺或溢余的核算

  （1）查明原因前的账务处理。每日终了结算现金收支、财产清查等发现有待查明原因的现金短缺或溢余时，都必须进行财务处理。

  ①属于现金短缺。

  借：待处理财产损溢——待处理流动资产损溢

      贷：库存现金

  ②属于现金溢余。

  借：库存现金

      贷：待处理财产损溢——待处理流动资产损溢

  （2）现金短缺的财务处理。

  ①属于应由责任人赔偿的部分。

  借：其他应收款

      贷：待处理财产损溢——待处理流动资产损溢

  ②属于应由保险公司赔偿的部分。

  借：其他应收款

      贷：待处理财产损溢——待处理流动资产损溢

  ③属于无法查明的其他原因。

  借：管理费用

      贷：待处理财产损溢——待处理流动资产损溢

  （3）现金溢余的账务处理。

  ①属于应支付给有关人员或单位的。

借：待处理财产损溢——待处理流动资产损溢
　　贷：其他应付款
②属于无法查明原因的。
借：待处理财产损溢——待处理流动资产损溢
　　贷：营业外收入

银行存款的清查

　　银行存款的清查采用与开户银行核对账目的方法。企业银行存款日记账的记录与银行开出的"银行存款对账单"无论是发生额，还是期末余额都应该是完全一致，因为它们是对同一账号存款的记录。但是在实践中通过核对，你会发现双方的账目经常出现不一致的情况。原因有两个，一是有"未达账项"；二是双方账目可能发生记录错误。

　　无论是"未达账项"，还是双方账目记录有误，都要通过企业银行存款日记账的记录与银行开出的"银行存款对账单"进行逐笔"钩对"才能发现。

　　清查具体方法是，由开户银行定期将银行复写账的副本作为对账单提供给各单位，出纳员把企业"银行存款日记账"中的借方和贷方的每笔记录分别与"银行存款对账单"中的贷方和借方的每笔记录从凭证的种类、编号、摘要内容、记账方向、金额等方面加以核对，对上的即在对账单和银行存款日记账上分别做出记号（一般为"✓"）。一旦发现本单位漏记、重记、错记或串户等情况，应由单位更正后登记入账。在与开户银行核对余额过程中，由于未达账项的存在，常常使银行账面余额与单位银行存款日记账账面余额发生不符。

　　所谓未达账项，是指银行结算凭证期末在银行与单位传递过程中，由于传递时间和记账时间的不同，常造成银行与开户单位一方已经入账而另一方尚未入账的情况，从而造成双方账面余额不符。未达账项有如下 4 种情况：

　　（1）单位已经入账，但银行尚未入账的收入事项。如单位存入银行的转账支票，银行尚未记入单位账户。

（2）单位已经入账，而银行尚未入账的付出事项。如单位签发的支票，单位已经入账，而银行尚未接到办理转账手续，因而未减少企业存款。

（3）银行已经入账，单位尚未入账的收入事项。如银行代收的票据及利息，银行已入单位的存款户而单位未能及时收到通知因而并未入账。

（4）银行已经入账而单位尚未入账的付出事项。如银行代扣的水电费、代扣的银行借款利息等已经入单位的账户而单位尚未收到银行通知因而尚未入账。

出现第（1）种和第（4）种情况时，单位银行存款账面余额会大于银行对账单的余额；反过来，出现第（2）种和第（3）种情况时，企业银行存款账面余额会小于银行对账单的余额。未达账项不及时查对与调整，企业对存款实有数心中无数，不利于合理调配使用资金，发挥资金的应有效益，还容易开出"空头"支票，造成不必要的经济损失，带来不必要的麻烦。所以，企业出纳人员应该及时取得银行对账单，编制银行存款余额调节表。

银行存款余额调节表，是用来查明开户单位存款实有数、试算银行与开户单位的账簿记录正确性与一致性的一种表格。具体编制方法是在银行与开户单位的账面余额基础上，加上各自的未收款，减去各自的未付款，然后再计算出双方余额。

【例 8-1】 甲公司 8 月份银行存款日记账账面余额为 87 950.78 元，银行提供的对账单余额 95 734.98 元。

①月末公司收到其他单位交来的转账支票一张，金额为 4 000 元，已存入银行，但银行尚未入账；

②月末公司已经开出转账支票 2 张，其中一张金额为 1 400 元，另一张金额为 6 000 元，企业已经入账，但银行尚未兑付，因而未入账；

③月末银行代公司收妥某单位支付的款项 4 800 元，银行已经入账，但企业尚未收到银行通知因而未入账；

④月末银行代扣水电费 276 元，扣收银行借款利息 139.80 元，但企业尚未收到银行通知，因而尚未入账。

利用上述资料编制"银行存款余额调节表"，见表 8-1：

表8-1　　　　　　　　　甲公司银行存款余额调节表
2008 年 8 月 30 日

项　　目	金　额	项　　目	金　　额
银行存款日记账账面余额	87 950.78	银行对账单余额	95 734.98
加：银行代收款项	4 800.00	加：存入的转账支票	4 000.00
减：代扣的费用	276.00	减：尚未兑付的转账支票	1 400.00
扣收的利息	139.80		6 000.00
调节后余额	92 334.98	调节后的余额	92 334.98

错账的查找

1. 发生错账原因

出纳工作过程中，记账差错在所难免，由于账簿错误会引起账账、账实不符，从而影响会计信息的质量。实际工作中错账原因各种各样，归纳起来主要有以下几种：

（1）重记。将已登记入账的记账凭证在现金、银行存款日记账上重复登记。

（2）漏记。某记账凭证在现金、银行存款日记账上没有登记。

（3）记账方向错误。将应记入借方的金额误记入贷方，或将应记入贷方的金额误记入借方。

（4）记账科目错误。将应记入某一会计科目的金额误记入另一会计科目。

（5）计算错误。出纳人员在计算过程中，如加计合计数、余额时，由于计算有误而形成的错账。

（6）数字记录错误。主要包括数字移位和数字颠倒。数字移位是指该数中的各位数码并列向前或向后移位，或者小数点点错，如将 345 写成 34.5 等。数字颠倒是指一个数字中相邻两个数码相互颠倒，如将 83 写成 38。

2. 差错查找方法

（1）二除法。"二除法"是指用除 2 来检查数字错误的方法。根据"有借必有贷、借贷必相等"的记账规则，借贷双方记录的金额应保持平衡关系。

"二除法"适用于对漏记、重记、方向记错而导致的差错的查找。用误差数除以2，得到的商数可能就是账簿记错方向的数字，然后再到账簿中去查找差错，待查到这个数值后再与记账凭证核对，便可找到错记的方向。

（2）九除法。"九除法"是指用除以9来检查数字错误的方法，主要适用于数字颠倒或数字移位而导致的记账错误的查找。

①数字颠倒。数字颠倒差错有以下特征：

误差是9的倍数，也就是说误差的绝对值可以被9整除。

将误差的各位上的数字相加，其和应等于9。

数字颠倒的具体查找方法如下：

当误差是9的倍数同时又小于90时，可能是个位数和十位数位置的颠倒，例如：把73记成37，误差为36（9的4倍）。

如误差为9的一倍，则错数的两个数字本身相差为1，如把65记成56，误差为9的一倍。

如误差为9的两倍，则错数的两个数字本身相差为2，如把79记成97，误差为97-79=18是9的两倍，依此类推。在实际工作中，可以通过"数码颠倒速查表"进行查找，"数码颠倒速查表"见表8-2。

表8-2　　　　　　　　　　　数码颠倒速查表

误差	9		18		27		36		45		54		63		72		81	
倍数	9的一倍		9的二倍		9的三倍		9的四倍		9的五倍		9的六倍		9的七倍		9的八倍		9的九倍	
数值范围	01	10	02	20	03	30	04	40	05	50	06	60	07	70	08	80	09	90
	12	21	13	31	14	41	15	51	16	61	17	71	18	81	19	91		
	23	32	24	42	25	52	26	62	27	72	28	82	29	92				
	34	43	35	53	36	63	37	73	38	83	39	93						
	45	54	46	64	47	74	48	84	49	94								
	56	65	57	75	58	85	59	95										
	67	76	68	86	69	96												
	78	87	79	97														
	89	98																

当误差是 9 的倍数同时又大于 90 小于 900 时，可能是百位数和十位数位置的颠倒，例如：把 2 730 记成 2 370，误差为 360（9 的 40 倍）。

当误差是 9 的倍数同时又大于 900 小于 9 000 时，可能是百位数和千位数位置的颠倒，例如：把 2 730 记成 7 230，误差为 4 500（9 的 500 倍）。

如误差是由一位整数和一位小数组成的小数时，则差错可能是小数点前后二位数码的颠倒，如把 37.24 写成 32.74，误差为 37.24 - 32.74 = 4.5 是 9 的 0.5 倍。

如误差为"纯小数"时（误差为 0.9 除外），则差错可能是十分位和百分位的颠倒，如把 18.38 写成 18.83，误差为 18.83 - 18.38 = 0.45 是 9 的 0.05 倍。

②数字移位。数字移位是指该数中的各位数码并列向左或向右移位。数字移位差错有以下特征：

误差是 9 的倍数。

将误差的各位上的数字相加，其和均等于 9。

数字移位的具体查找方法见表 8-3、表 8-4。

表 8-3   **向右移位表（小数记成大数）**

移动位数	误差数	正确数字	举 例
一位	误差数是正确数的 9 倍	正确数等于误差除以 9	将 2.5 记成 25， 误差为 25 - 2.5 = 22.5 正确数 = 22.5/9 = 2.5
二位	误差数是正确数的 99 倍	正确数等于误差除以 9 再除以 11，或者等于误差除以 99	将 2.5 记成 250， 误差为 250 - 2.5 = 247.5 正确数 = 247.5/9/11 = 2.5 或：正确数 = 247.5/99 = 2.5
三位 （注：这种情况一般很少发生）	误差数是正确数的 999 倍	正确数等于误差除以 9 再除以 111，或者等于误差除以 999	将 2.5 记成 2 500， 误差为 2 500 - 2.5 = 2 497.5 正确数 = 2 497.5/9/111 = 2.5 或：正确数 = 2 497.5/999 = 2.5

表8-4　　　　　　　　　向左移位表（大数记成小数）

移动位数	误差数	错误数字	举　例
一位	误差数是正确数的9倍	错误数等于误差除以9	将79记成7.9， 误差为79-7.9=71.1 错误数字=71.1/9≈7.9
二位	误差数是正确数的99倍	错误数等于误差除以9再除以11，或者等于误差除以99	将790记成7.90， 误差为790-7.90=782.1 错误数字=782.1/9/11=7.9 或：错误数字=782.1/99=7.9
三位 （注：这种情况一般很少发生）	误差数是正确数的999倍	错误数等于误差除以9再除以111，或者等于误差除以999	将7 900记成7.900， 误差为7 900-7.900=7 892.1 错误数字=7 892.1/9/111=7.9 或：错误数字=7 892.1/999=7.9

数字移位差错查找的关键是将误差试除以9得到一个商，再根据这个商从账簿中找出错误数。

（3）差数法。

根据误差数直接查找差错的方法称为差数法。此法主要适用于漏记、重记差错的寻找。如月末账账核对时，发现现金日记账余额比现金总账余额少（或多）102.35元，出纳可以回忆是否有该笔业务，同时着手查找有关记账凭证，检查是否漏记、重记。

通常发现账实不符时，先用上述方法进行查找，如果采用上述方法后仍未找出差错的，则应采用顺查法、逆查法、抽查法继续查找，一直到发现差错为止。

顺查法是指按原来账务处理程序，即原始凭证、记账凭证、登记账簿、结账、试算平衡这个顺序，依次一一查对的一种差错查找方法。

逆查法是指按与原来账务处理程序相反的顺序，依次一一查对的一种查错方法。

抽查法对账簿记录中估计出现差错可能性较大的部分进行检查的方法。

差错各种各样，查错的方法也有许多，要求出纳人员掌握各种查错方法和规律，有针对性的查找，避免盲目。差错有时是由一笔业务引起，有时是由几笔业务相互交叉而引起，出纳人员在查找错时必须耐心、细致，避免急躁。

错账的更正方法

1. 出纳工作中应控制的关键点

（1）出纳工作中常见的记账错误。出纳工作中，经常遇到的差错种类很多，其主要表现在：记账凭证汇总表不平；总分类账不平；各明细分类账的余额之和不等于总分类账有关账户的余额；银行存款账户调整后的余额与银行对账单不符等。在实际工作中，常见的记录错误主要有以下三种：

①会计原理、原则运用错误。这种错误的出现是指在会计凭证的填制、会计科目的设置、会计核算形式的选用、会计处理程序的设计等会计核算的各个环节出现不符合会计原理、原则、准则规定的错误。例如，对规定的会计科目不设立，对不应设立的却乱设置，导致资产、负债、所有者权益不真实；对现行财务制度规定的开支范围、执行标准不严等。

②记账错误。主要表现为漏记、重记、错记三种。错记又表现为错记了会计科目、错记了记账方向、错用了记账墨水（蓝黑墨水误用红水，或红水误用蓝黑墨水）、错记了金额等。

③计算错误。主要表现为运用计算公式错误、选择计算方法错误、选定计量单位错误等等。

（2）出纳工作中应关注的出错时段。

①刚上班时。刚上班时，由于精力尚未完全集中，或者准备工作尚未完全做好，就开始收付款项，有时东翻西找、手忙脚乱最终可能导致错款。

②快下班时。快下班时，出纳人员因急于离岗，未将现金按规定要求整理、核对和结扎就随便地放入保险箱。

③业务较多时。收付业务较多时，因急于完成工作或精神过于紧张，此时

很容易出现差错。

④工作清闲时。工作清闲时，出纳人员有时与别人聊天或做私活或看书等，此时如发生个别收付款业务，往往会因思想不集中、注意力分散而出现差错。

⑤节假日前后。节前等待放假，节后又难以平静，工作松懈，思想涣散，此时非常容易出现差错。

2. 对应收账款业务错弊的关注

（1）应收账款中的错弊。应收账款业务，是指形成的应收账款能够收回的经济业务。应收账款业务会计核算的漏洞及错弊主要表现在以下几个方面：

①应收账款的回收期过长。应收账款从形成到收回有一个时间间隔，这个时间间隔就是应收账款的回收期。该回收期的长短应是合理而正常的。一般来说，应收账款的回收期越短越好，说明资金的周转速度越快，有利于提高企业的经济效益；反之，应收账款的回收期越长，说明企业的资金周转速度越慢，不利于搞好企业的经营管理，提高经济效益，甚至影响企业的生产或经营活动的正常进行。在实际中存在着应收账款的回收期过长的问题，如有的企业应收账款回收期比正常的、合理的回收期或比同类企业的平均回收期高出50%甚至1倍。

②应收账款平均余额过大。应收账款平均余额与应收账款回收期一样，其数值越大，越不利于加快资金的周转，据以计算应收账款周转率就越不理想，也就越不利于企业搞好经营管理，提高经济效益。在实际中存在着应收账款余额过大的问题，以致影响了企业正常的生产和经营活动。

③应收账款周转率不理想。应收账款周转率，是一定时期内商品或产品赊销净额与应收账款平均余额的比率。它可以用应收账款周转次数表示，也可以将次数换算成天数来表示。一定时期内周转的次数越多或周转一次需要的天数越少，说明应收账款的周转速度越快，应收账款的周转率也就越理想。在实际中存在应收账款周转速度慢，以致影响企业的正常生产或经营活动等问题。

④列作应收账款的经济事项不合理、不真实，不合法等。列作应收账款的经济业务，必须是真实正确的销售商品或产品、材料等或计提劳务后应收而尚未收取货款或劳务费的业务。在实际中存在着利用"应收账款"账户从事舞弊活动，列作应收账款的经济业务不真实、不合理、不合法的问题。

⑤对坏账损失的会计处理方法不合理。对坏账损失的会计处理方式主要有

备抵法和直接转销法两种。

●备抵法。

即企业按期预估可能产生的坏账损失，单列入当期费用，形成坏账准备，当实际发生坏账损失时再冲销坏账准备和应收账款。

●直接转销法。

即企业平时不预估形成坏账准备，当实际发生坏账损失时直接从应收账款中转销列作费用。

按照现行财务制度规定，企业既可以采用备抵法，也可以采用直接转销法。但所采用的方法必须符合本企业的实际情况，即如果企业发生坏账损失很不均衡，且金额较大，就采用备抵法，否则，可采用直接转销法。

（2）如何查证应收账款舞弊？

①查证企业在销售环节中的内部控制。

●企业销售商品或提供劳务后，将债权转入应收账款的批准程序。

●为购货方代垫费用支付现金或银行存款的批准程序。

●与购货方对账制度及对账单签发手续等等。

②查证有关销货发票。

了解有无销售折扣与折让情况，看其与"应收账款"、"产品销售收入"等账户记录是否一致，以弄清是否存在以净价法入账而导致应收账款入账金额不实等问题。

③查证应收账款平均余额。

分析应收账款账龄，计算应收账款周转率，并同该行业平均周转率比较，看是否存在周转太慢、回收期过长的问题，并进一步调查是否因款项收回后挂账或私分所致。

④查阅明细账及凭证。

看是否存在列作应收账款的经济事项不真实、不合理、不合法的情况。问题发生后，其线索或疑点表现在以下几个方面：

●反映在"商品销售收入"和"应收账款"账户中的虚假金额，与正常的经济业务金额比较，可能表现为异常，如金额过大、精确度过大等。

●会计凭证可能只有记账凭证，没有原始凭证；或虽有原始凭证，但内容不全、不真实等，表现为账证不符。

●所虚设的应收账款，可能只记入了"应收账款"总账，未虚设虚记明细账或未在其他明细账中虚记，表现为应收账款与所属明细账不相符。

●所虚设的应收账款，可能既记入了总账，也记入了虚设的或其他的明细账中。这样尽管总账与明细账是平衡的，但该企业所记录的这些内容与实际或对方客户"应付账款"账上的对应内容不相符，表现为两个单位间的账账不符。

⑤查证企业备抵法运用是否正确。

应运用审阅法、复核法检查被查单位坏账准备计提是否正确、合规，有无多提、少提或人为地调节利润水平的问题。

审阅"坏账准备"账户借方记录，来发现和查证有无发生坏账损失后多冲或少冲坏账准备，以此调节"应收账款"账户内的内容，从而达到利用"应收账款"账户舞弊的目的。根据发票、收据的号码不连续和调查询问所掌握的情况，审阅核对"坏账准备"账户的贷方记录内容，来查证收回已经核销的坏账未入账而将其私分或存入"小金库"的问题。

【边学边问】 哪些情况可以使用红色墨水记账？

解析：用红色墨水记账仅限于三种业务：

(1) 用红字冲正法冲正错误；

(2) 在多栏式（如基本生产）账页登记转出（减少）数；

(3) 在余额未设方向标记的情况下，登记余额。

第 9 招

善始善终，做好交接

☆出纳工作交接手续有哪些

☆出纳工作交接表

☆出纳工作交接的内容有哪些

出纳工作交接手续有哪些

1. 移交前的准备工作

为了使出纳工作移交清楚，防止遗漏，保证出纳交接工作顺利进行，出纳人员在办理交接手续前，必须做好以下准备工作：

（1）将出纳账登记完毕，并在最后一笔余额后加盖名章。

（2）在出纳账启用表上填写移交日期，并加盖名章。

（3）整理应该移交的各项资料，对未了事项写出书面材料。

（4）出纳日记账与现金、银行存款总账核对相符，现金账面余额与实际库存现金核对一致，银行存款账面余额与银行对账单核对无误。如有不符，要找出原因，弄清问题所在，加以解决，务求在移交前做到相符。

（5）编制移交清册。列明应当移交的会计凭证、账簿、报表、印章、现金、有价证券、支票簿、发票、文件、其他会计资料和物品等内容。

实行会计电算化的单位，从事该项工作的移交人员还应当在移交清册中列明会计软件及密码、会计软件数据磁盘（磁带等）及有关资料、实物等内容。

2. 交接阶段

出纳人员的离职交接，必须在规定的期限内，向接交人员移交清楚。接交人员应认真按移交清册当面点收。

（1）库存现金、有价证券要根据出纳账和备查账簿余额进行点收。接交人发现不一致时，移交人要负责查清。

（2）出纳账和其他会计资料必须完整无缺，不得遗漏。如有短缺，由移交人查明原因，在移交清册中注明，由移交人负责。

（3）接交人应核对出纳账与总账、出纳账与库存现金和银行对账单的余额是否相符。如有不符，应由移交人查明原因，在移交清册中注明，并负责处理。

（4）接交人按移交清册点收公章（主要包括财务专用章、支票专用章和领导人名章）和其他实物。

（5）实行电算化的单位，必须将账页打印出来，装订成册，书面移交。

（6）接交人办理接收后，应在出纳账启用表上填写接收时间，并签名盖章。

3. 交接结束

交接完毕后，交接双方和监交人，要在移交清册上签名或盖章。移交清册必须具备：

（1）单位名称。

（2）交接日期。

（3）交接双方和监交人的职务及姓名。

（4）移交清册页数、份数和其他需要说明的问题和意见。

移交清册一般一式三份，交双方各执一份，存档一份。

4. 出纳交接的相关责任

出纳交接工作结束后，在交接前后各期的工作责任应由当时的经办人负责，主要体现在以下几个方面：

（1）接收人应认真接管移交工作，继续办理未了事项。

（2）接收人应继续使用移交后的账簿等资料，保持会计记录的连续性，不得自行另立账簿或擅自销毁移交资料。

（3）移交后，移交人对自己经办的已办理移交的资料负完全责任，不得以资料已移交为借口推脱责任。

【边学边问】为什么要做好出纳工作交接？

解析：《会计法》第24条规定："会计人员调动工作或者离职，必须与接管人员交接手续。一般会计人员办理交接手续，由会计机构负责人、会计主管人员监交。"出纳交接要按照会计人员交接的要求进行。出纳人员调动工作或者离职时，与接管人员办理交接手续，是出纳人员应尽的责任，也是分清移交人员与接管人员责任的重大措施。办好交接工作，可以使出纳工作前后衔接，可以防止账目不清、财务混乱。

出纳人员必须按有关规定和要求办理好工作的交接手续，搞好工作的移交。出纳工作交接的作用主要有：

（1）可以明确工作责任。

（2）便于接办的出纳人员熟悉工作。

（3）有利于发现和处理出纳工作和资金管理工作中存在的问题。

（4）预防经济责任事故经济犯罪的发生。

在出纳工作交接的过程中我们应该注意以下问题的发生：

（1）出纳人员进行交接时，一般应由会计主管人员监交，必要时，还可以请上级领导监交。

（2）监交的过程中，如果移交人交代不清，或者接交人故意为难，监交人员应及时处理裁决。移交人不作交代，或者交代不清的，不得离职。否则，监交人和单位领导人均应负连带责任。

（3）移交时，交接双方人员一定要当面点清、点数、核对，不得由别人代替。

（4）交接后，接管的出纳人员应及时向开立账户的银行办理更换出纳人员印章的手续，检查保险柜的使用是否正常、妥善，保管现金、有价证券、贵重物品、公章等的条件和周围环境是否齐全。如不够妥善、安全，立即采取改善措施。

（5）接管的出纳人员应继续使用移交的账簿，不得自行另立新账，以保持会计记录的连续性。对于移交的银行存折和未使用的支票，应继续使用，不要把它搁置、浪费，以免单位遭到损失。

（6）移交后，移交人应对自己经办的已经移交资料的合法性、真实性承担法律责任，不能因为资料已经移交而推脱责任。

总之，出纳交接要做到两点：

（1）移交人与接管人员要办清手续。

（2）交接过程中要有专人负责监交，交接要进行财产清理，做到账账核对、账款核对，交接清楚后填妥移交清册，由交、接、监三方签字盖章。

出纳工作交接表

移交表主要包括库存现金移交表、银行存款移交表、有价证券、贵重物品移交表核算资料移交表和物品移交表，以及交接说明书等。

1. 库存现金移交表

根据现金库存实有数，按币种（分人民币和各种外币）、币别分别填入库存现金移交表内。库存现金移交表见表 9 – 1：

表 9 – 1 　　　　　　　　　库存现金移交表　　　　　　　　第　页

币种：　　　　　　　　移交日期：　年　月　日　　　　　单位：元

币别	数量	移交金额	接受金额	备注
100 元				
50 元				
10 元				
5 元				
2 元				
1 元				
5 角				
2 角				
1 角				
5 分				
2 分				
1 分				

单位负责人：　　　　移交人：　　　　监交人：　　　　接管人：

2. 存款移交表

银行存款，又分为活期存款和定期存款，有的单位还可能在不同的银行开户。因此，填表时应根据账面数、实有数、币种、期限、开户银行等分别填写。银行存款交表见表 9 – 2：

表 9 – 2 　　　　　　　　　银行存款移交表　　　　　　　　第　页

　　　　　　　　　　移交日期：　年　月　日　　　　　单位：元

开户银行	币种	期限	账面数	实有数	备注
合计					

附：（1）银行存款余额调节表一份。
　　（2）银行预留卡片一张。

单位负责人：　　　　移交人：　　　　监交人：　　　　接管人：

3. 有价证券、贵重物品移交表

有价证券、贵重物品是出纳经管的单位财产，移交时，出纳移交人员应根据清理核对后的有价证券和贵重物品按品种、价值等分别登记。有价证券、贵重物品移交表见表9－3：

表9－3　　　　　　　　　　**有价证券、贵重物品移交表**　　　　　　　　　第　页

移交日期：　年　月　日　　　　　　　　单位：元

名称	购入日期	单位	数量	金额	备注
××债券					
××股票					
××票据					
××贵重物品					
××投资基金					

单位负责人：　　　移交人：　　　监交人：　　　接管人：

对贵重物品较多的单位，可分别编制有价证券移交表与贵重物品移交表。

4. 核算资料移交表

核算资料主要包括出纳账簿，收据、借据、银行结算凭证，票据领用、使用登记簿，以及其他文件资料等。核算资料移交表见表9－4：

表9－4　　　　　　　　　　**核算资料移交表**　　　　　　　　　　第　页

移交日期：　年　月　日　　　　　　　　单位：元

名称	年度	数量	起止号码	备注
现金收入日记账				
现金支出日记账				
银行存款收入日记账				
银行存款支出日记账				
收据领用登记簿				
支票领用登记簿				
收　据				
现金支票				
转账支票				

单位负责人：　　　移交人：　　　监交人：　　　接管人：

5. 物品移交表

物品主要包括会计用品、公用会计工具等。物品移交表见表9－5：

表9-5　　　　　　　　　　　　　物品移交表　　　　　　　　　　　　　　第　页

移交日期：　年　月　日　　　　　　　　　　　　　　单位：元

名称	编号	型号	购入日期	单位	数量	备注
文件柜						
装订机						
复印机						
打印机						
保险柜						
照相机						
财务印章						

单位负责人：　　　　移交人：　　　　监交人：　　　　　接管人：

6. 出纳人员工作交接书

"交接说明书"是把移交表中无法列入或尚未列入的内容做具体说明的文件。该说明书包括：交接日期、交接双方及监交人员的职务和姓名、移交清册页数、需要说明的问题和意见。"交接说明书"的格式见表9-6：

表9-6　　　　　　　　　　　　　交接说明书

交接说明书

　　因原出纳人员刘××辞职，财务处已决定将出纳工作移交给赵××接管。现办理如下交接手续：

一、交接日期：20××年××月××日

二、具体业务的移交：

1. 库存现金：××月×日购面余额××元，实存相符，月记账余额与总账相符；

2. 库存国库券：×××××元，经核对无误；

3. 银行存款余额××万元，经编制"银行存款余额调节表"核对相符。

三、移交的会计凭证、账簿、文件：

1. 本年度现金日记账一本；

2. 本年度银行存款日记账二本；

3. 空白现金支票××张（×××号至×××号）；

4. ……

四、印鉴。

1. ××公司财务处转讫印章一枚；

2. ××公司财务处现金收讫印章和付讫印章各一枚。

五、交接前后工作责任的划分

　　20××年××月××日前的出纳责任事项由刘××负责；20××年××月××日起的出纳工作由赵××负责。以上移交事项均经交接双方认定无误。

六、本交接书一式三份，双方各执一份，存档一份。

移交人：刘××（签名盖章）

接管人：赵××（签名盖章）

监交人：张××（签名盖章）

　　　　　　　　　　　　　　　　　　　　××公司财务处（公章）

　　　　　　　　　　　　　　　　　　　　20××年××月××日

出纳工作交接的内容有哪些

1. 出纳交接的范围

出纳交接，是指企业的出纳人员在调动或离职时，由离任的出纳人员将有关的工作和资料票证交给离任出纳人员的工作过程。出纳人员凡因故调动、离职、请假前，均应向接替人员办理相关的交接手续，没有办理移交手续的，不得调动或离职。

出纳人员办理交接手续主要有以下几方面的原因：

（1）出纳人员辞职或离开原单位。

（2）企业内部工作变动不再担任出纳职务。

（3）出纳岗位轮岗调换到会计岗位。

（4）出纳岗位内部增加工作人员进行重新分工。

（5）因病假、事假或临时调用，不能继续从事出纳工作。

（6）因特殊情况如停止审查等按规定不宜继续从事出纳工作的。

（7）企业因其他情况按规定应办理出纳交接工作的，如企业解散、破产、兼并、合并、分立等情况发生时，出纳人员应向接收单位或清算组移交的。

2. 出纳移交的内容

出纳交接的具体内容根据各单位的具体情况而定，情况不一样，移交的内容也不一样。但总体来看，出纳的交接工作，主要包括以下一些基本内容：

（1）财产与物资。

①会计凭证（原始凭证、记账凭证）。

②会计账簿（现金日记账、银行存款日记账等）。

③相关报表（出纳报告等）。

④现金、银行存款、金银珠宝、有价证券和其他一切公有物品。

⑤用于银行结算的各种票据、票证、支票簿等。

⑥各种发票、收款收据。包括空白发票、空白收据、已用或作废的发票或

收据的存根联等。

⑦印章，包括财务专用章、银行预留印鉴以及"现金收讫"、"现金付讫"、"银行收讫"、"银行付讫"等业务专用章。

⑧各种文件资料和其他业务资料，如银行对账单，应由出纳人员保管的合同、协议等。

⑨办公室、办公桌与保险工具的钥匙，各种保密号码。

⑩本部门保管的各种档案资料和公用会计工具、器具等。

⑪经办未了的事项。

（2）电算化资料。实行会计电算化的单位，还应包括以下内容：

①会计软件。

②密码、磁盘、磁带等有关电算化的资料、实物。

（3）业务介绍。

①原出纳人员工作职责和工作范围的介绍。

②每期固定办理的业务介绍，如按期交纳电费、水费、电话费的时间等。

③复杂业务的具体说明，如交纳电话费的号码、台数等，银行账户的开户地址、联系人等。

④历史遗留问题的说明。

⑤其他需要说明的业务事项。

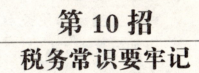

第 10 招

税务常识要牢记

本章主要内容

☆ 国税与地税的区分

☆ 税务登记和税务申报

☆ 如何缴纳税款

☆ 纳税争议

☆ 税务代理

☆ 纳税担保

☆ 如何合理避税

国税与地税的区分

国税与地税，是指国家税务系统和地方税务系统，一般是指税务机关，而不是针对税种而言的。

我国现行税种，按照财政分税制的要求划分为中央税、中央与地方共享税、地方税三种。其中，中央税归中央所有，地方税归地方所有，中央与地方共享税分配后分别归中央与地方所有。

为适应分税制的要求，全国税务机关分为国家税务局（简称国税）和地方税务局（简称地税），负责征收不同的税种。国税主要负责征收中央税、中央与地方共享税，地税主要负责征收地方税，它们之间的征收管理分工一般划分如下：

（1）中央政府固定收入包括：消费税（含进口环节海关代征的部分）、车船税、关税，海关代征的进口环节增值税等。

（2）地方政府固定收入包括：城镇土地使用税、耕地占用税、土地增值税、房产税、城市房地产税、车船税、契税、屠宰税、筵席税、农业税、牧业税。

（3）中央政府与地方政府共享收入主要包括：

①增值税（不含进口环节由海关代征的部分）：中央政府分享75%，地方政府分享25%。

②营业税：铁道部、各银行总行、各保险总公司集中缴纳的部分归中央政府，其余部分归地方政府。

③企业所得税：铁道部、各银行总行及海洋石油企业缴纳的部分归中央政府，其余部分中央与地方政府按60%与40%的比例分享。

④个人所得税：除储蓄存款利息所得的个人所得税外，其余部分的分享比例与企业所得税相同。

⑤资源税：海洋石油企业缴纳的部分归中央政府，其余部分归地方政府。

⑥城市维护建设税：铁道部、各银行总行、各保险总公司集中缴纳的部分归中央政府，其余部分归地方政府。

⑦印花税：证券交易印花税收入的94%归中央政府，其余6%和其他印花税收入归地方政府。

> **【边学边问】** 我们的所得税是交国税，那么年底我们要往国税交哪些东西？每个月申报都是网上的增值税的主附表，还从来没有去过国税，我刚接手，以前的工作人员说是年底一次交纸质的表，到底该怎么做？
>
> 解析：应该是网上交税的，还要打印出来交给具体的分管所，交季报所得税，4月30日前年度汇算清缴。

税务登记和税务申报

1. 如何办理税务登记？

税务登记是税务机关根据税法规定对纳税人的生产经营活动进行登记管理的一项基本制度。

对企业而言，通过纳税登记可以确认征、纳双方的权利和义务关系，也可将领取的税务登记证作为税务许可证和权利证明书。作为纳税人，进行税务登记意味着必须接受税务机关监督管理，同时享有依法获得税务服务、领购发票、行政复议、减免税优惠待遇等权利。办理税务登记是纳税人必须履行的第一个法定程序。

税务登记的主要内容见图 10 - 1：

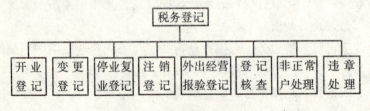

图 10 - 1　税务登记主要内容

2. 怎样办理开业税务登记?

（1）办理开业登记的时间。从事生产、经营的纳税人应当自领取营业执照之日起 30 日内，向所在地主管税务机关申请办理税务登记。

其他纳税人应当自依照税收法律、行政法规成为纳税义务人之日起 30 日内，向所在地主管税务机关申报办理税务登记。

（2）办理开业登记的地点。

①纳税企业向所在地主管税务机关申请办理税务登记。

②纳税企业跨县（市）区设立的分支机构和从事生产经营的场所，除总机构向当地主管国家税务机关申报办理税务登记外，分支机构还应当向其所在地主管国家税务机关申报办理纳税登记。

（3）办理开业登记的程序。

开业登记的流程图见图 10 - 2。

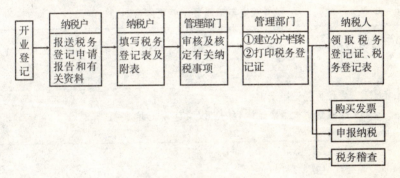

图 10 - 2　开业登记流程

①纳税人提出书面申请报告，并提供下列有关证件和资料：营业执照或其他核准执业证件；有关合同、章程、协议书；银行账号证明；法定代表人或业主居民身份证、护照或者其他证明身份的合法证件；组织机构统一代码证书等。

属于享受税收优惠政策的企业，还应当提供相应的证明、资料。

其他需要提供的有关证件、资料，由省、自治区、直辖市税务机关确定。

②填写税务登记表。

③领取税务登记证件。

纳税人报送的税务登记表和提供的有关证件、资料，经主管国家税务机关审核后，报有关国家税务机关批准予以登记的，应当按照规定的期限到主管国家税务机关领取税务登记证及其副本，并按规定缴付工本管理费。

3. 如何办理变更税务登记？

（1）变更登记的对象。纳税人改变名称、法定代表人或者业主姓名、经济类型、经济性质、住所或者经营地点（不涉及改变主管国家机关）、生产经营范围、经营方式、开户银行及账号等内容时，应当依法向原税务登记机关申报办理变更税务登记。

（2）变更登记的时间。纳税人不论在工商行政管理机关办理变更登记，还是按照规定不需要在工商行政管理机关办理变更登记的或者其税务登记的内容与工商登记内容无关的，都应在变更之日起30日内，持有关证件办理变更税务登记。

（3）变更登记所持证件。税务变更内容与工商登记变更内容是否一致，决定了向税务机关提交的证件，两者之间的比较见表10-1：

表10-1 　　　　　　　　税务变更与工商登记变更内容对照

对象 内容 类别	税务变更内容与工商登记变更内容一致	无须工商变更登记或税务登记内容与工商登记内容无关
办理税务变更登记所持证件 相同	①变更税务登记申请书； ②纳税人变更税务登记内容的决议及有关证明资料； ③其他有关资料。	
不同	①工商变更登记表及工商执照（注册登记执照）； ②税务机关发放的原税务登记证件（登记证件、副本和登记表等）。	

（4）变更税务登记的手续。纳税人办理变更税务登记时，应当向主管国家税务机关领取变更登记表，一式三份，按照表式内容逐项如实填写，加盖企业或业主印章后，于领取变更税务登记表之日起10日内报送主管国家税务机关，经批准后，在规定的期限内领取税务登记及有关证件，并按规定缴付工本管理费。

（5）变更登记的程序。变更登记的流程图见图10-3：

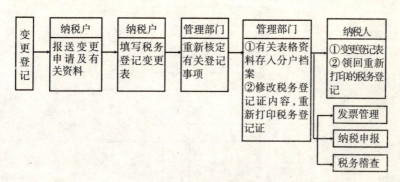

图 10 – 3　变更登记流程

4. 如何注销税务登记

（1）注销税务登记的对象和时间。

①纳税人发生破产、解散、撤销以及其他依法应终止履行纳税义务的，应当在向工商行政管理机关办理注销登记前，持有关证件向原主管国家税务机关提出注销税务登记书面申请报告。未办理工商登记的，应当自有关机关批准或宣布终止之日起 15 日内，持有关证件向原主管国家税务机关提出注销税务登记的书面申请报告。

②纳税人被工商行政管理机关吊销营业执照的，应当自营业执照被吊销之日起 15 日内，向原主管国家税务机关提出注销纳税登记书面申请报告。

（2）注销税务登记的要求。纳税人在办理注销税务登记前，应当向原主管国家税务机关缴清应纳税额、滞纳金和罚款，缴销原主管国家税务机关核发税务登记证及其副本、注册税务登记证及其副本、未使用的发票、发票专用章以及税收缴款书和国家税务机关核发的其他证件。

（3）注销税务登记的手续。纳税人办理注销税务登记时，应当向主管国家税务机关领取注销税务登记表，一式三份，并根据表内的内容逐项如实填写，加盖企业印章后，于领取注销税务登记表之日起 10 日内报送主管国家税务机关。

（4）注销税务登记的程序。注销税务登记的流程图见图 10 – 4。

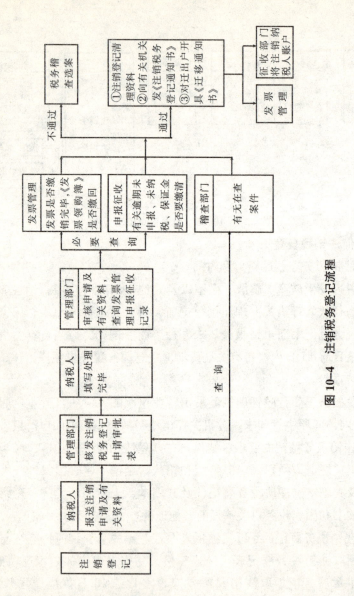

图10—4 注销税务登记流程

5. 如何办理停业、复业税务登记

（1）停业、复业的对象。实行定期定额征收方式的纳税人在营业执照核准的经营期限内需要停业的，应当向税务机关提出停业登记。

纳税人应当于恢复生产、经营之前，向税务机关提出复业登记申请，经确认后，办理复业登记。

（2）停业、复业登记的程序。停业、复业登记的流程图见图 10－5。

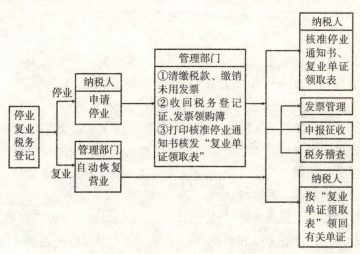

图 10－5　停业、复业税务登记流程

税务机关在收到纳税人的停业申请书后，应向纳税人发放"停业申请审批表"，纳税人应办理税款清缴、发票缴销，有关税务机关发送证件的封存手续，并将上述情况填在"停业申请审批表"中。税务机关在审核各项停业信息资料无误后，将纳税人资料转入停业纳税人库，对纳税人下发"核准停止通知书"以及"复业单证领取表"。当纳税人停业结束，进行复业处理时，再由原受理税务机关根据封存单证填列到"复业单证领取表"中，纳税人重新领回封存的单证，税务机关将纳税人的有关资料信息由停业纳税人库转回正常纳税人信息资料库，则整个停业、复业处理过程结束，纳税人可进行正常的营业活动。

6. 如何进行纳税申报？

纳税申报是纳税程序的中心环节，它是纳税人在发生纳税义务后，按税务机关规定的内容和期限，向主管税务机关以书面报表的形式写明有关纳税事项及应纳税款所履行的法定手续。纳税申报不仅是征纳双方核定应纳税额、开具纳税凭证的主要依据，也是税务机关研究经济信息、加强税源管理的重要手段。实行纳税申报制度，不仅可以促使纳税人增强依法纳税的自觉性，提高税款计算的正确性，而且有利于税务机关依法征收税款，查处财务违章，保证国家税收及时足额入库。

（1）纳税申报的对象。纳税申报的对象是指谁应当办理纳税申报，主要包括以下单位和个人：

①应当正常履行纳税义务的纳税人。在正常情况下，纳税人必须在税收法律、行政法规规定或者税务机关依照法律、行政法规的规定确定的申报期限、申报内容如实办理纳税申报。

②应当履行扣缴税款义务的扣缴义务人。扣缴义务人必须依照法律、行政法规的规定或者税务机关依照法律、行政法规的规定确定的申报期限、申报内容如实报送代扣代缴、代收代缴税款报告表以及税务机关根据实际需要要求扣缴义务人报送的其他有关资料。

③享受减税、免税待遇的纳税人。纳税人享受减税、免税待遇的，在减税、免税期间也应当按照规定办理纳税申报手续，填报纳税申报表，以便于进行减免税的统计与管理。

（2）纳税申报的内容。纳税申报的内容主要包括两个方面，一是纳税申报表或者代扣代缴、代收代缴税款报告表；二是与纳税申报有关的资料或证件。

①纳税人和扣缴义务人在填报纳税申报表或代扣代缴、代收代缴税款报告时，应将税种，税目，应纳税项目或者应代扣代缴、代扣代收税款项目，适用税率或单位税额，计税依据，扣除项目及标准，应纳税额或应代扣、代收税款，税款所属期限等内容逐项填写清楚。

②纳税人办理纳税申报时，要报送如下资料：

● 纳税申报表。它是由税务机关统一负责印制的由纳税人进行纳税申报的书面报告，其内容因纳税依据、计税环节、计算方法的不同而有所区别。

● 财务会计报表。它是根据会计账簿记录及其他有关反映生产、经营情况的资料，按照规定的指标体系、格式和序列编制的用以反映企业、事业单位或其他经济组织在一定的时期内经营活动情况或预算执行情况结果的报告文件。不同纳税人由于其生产经营的内容不同，所使用的财务会计报表也不一样，需向税务机关报送的种类也不相同。

● 其他纳税资料。例如：与纳税有关的经济合同、协议书；固定工商业户外出经营税收管理证明；境内外公证机关出具的有关证件；个人工资及收入证明，等等。

③扣缴义务人纳税申报时，要报送的资料有：

● 代扣代缴、代收代缴税款报告表。

● 其他有关资料。通常包括：代扣代缴、代收代缴税款的合法凭证；与代扣代缴、代收代缴税款有关的经济合同、协议书、公司章程等。

（3）纳税申报的期限。在发生纳税义务后，纳税人、扣缴义务人必须按照法律、行政法规的规定或者税务机关依据法律、行政法规的规定确定的应纳或应缴税款的期限，到税务机关办理纳税申报。由此可以看出，申报纳税的期限有两种：一种是法律、行政法规明确规定的；另一种是税务机关按照法律、行政法规的规定，结合纳税人生产经营的实际情况及其所应缴纳的税种等相关问题予以确定的。两种期限具有相同的法律效力。

①各税种的申报期限。因各税种情况不同及税务机关的工作安排，各税种的申报期限也有所不同，在确定申报期限时，必然涉及到纳税义务发生时间和纳税期限的确定问题。

②申报期限的顺延。纳税人办理纳税申报期限的最后一天，如遇公休日，可以顺延。

③延期办理纳税申报。根据我国现行《税收征收管理法》第 27 条规定，"纳税人、扣缴义务人不能按期办理纳税申报或者报送代扣代缴、代收代缴税款报告表的，经税务机关核准，可以延期申报。经核准延期办理前款规定的申报、报送事项的，应当在纳税期内按照上期实际缴纳的税额或者税务机关核定的税额预缴税款，并在核准的延期内办理税款结算。"

需要注意的是，纳税人在纳税期限内，无论有无应税收入、所得及其他应税项目，均须在规定的申报期限内，持纳税申报表、财务会计报表及其他纳税资料，向税务机关办理纳税申报；扣缴义务人在扣缴税款期内无论有无代扣、代收税款，均须在规定的期限内，持代扣代缴、代收代缴税款报告表及其他有关资料，向税务机关办理扣缴税款报告。

（4）纳税申报的方式。纳税申报主要有两种形式：

①直接到税务机关办理上述申报、报送事项。这是一种最直接、最常见的方式，操作起来也很简单。

②按照规定采取邮寄、数据电文或其他方式申报、报送事项。当纳税人、

扣缴义务人在纳税申报期限内，因各种原因不能或不方便到税务机关办理纳税申报的，可以采取邮寄的方式办理纳税申报或报送事宜。采取邮寄申报的，以邮出地的邮戳日期为实际申报日期。比如在华工作的外籍个人在个人所得税申报期限内，因故不在我国境内或出差离开，通常办理纳税申报时，就可以采取邮寄申报形式办理纳税申报。

数据电文形式是近年来新兴的现代化通读手段或方式，这种高速、快捷的信息传递方式已越来越多地应用于税务管理。采用数据电文的方式进行纳税申报或报送代扣代缴、代收代缴税款报告表，大大节省了时间，提高了效率。采用数据电文形式，收件人（此处指税务机关）指定特定系统接收数据电文的，该数据电文进入该特定系统的时间视为申报、报送到达的时间；未指定特定系统的，该数据电文进入收件人的任何系统的首次时间视为到达时间。

纳税人、扣缴义务人也可采用邮寄、数据电文以外的法定方式办理纳税申报和报送代扣代缴、代收代缴税款报告表。

（5）违反纳税申报规定的法律责任。纳税人未按照规定的期限办理纳税申报和报送纳税资料的，或者扣缴义务人未按照规定的期限向税务机关报送代扣代缴、代收代缴税款报告表和有关资料的，由税务机关责令限期改正，同时处以2 000元以下的罚款；逾期不改正的，可以处以2 000元以上10 000万元以下的罚款。

【边学边问】新注册的一家小公司，只涉及地税：怎样网上报税，网上申报完了还要做什么？

解析：

（1）网上申报的条件：

①小规模纳税人增值税（个体双定户除外）、内外资企业所得税（季度）、消费税、营业税等税种的纳税人可以办理网旧申报纳税。

②纳税人注册"我的办税大厅"并同意电子申报纳税协议后，即可进行网上申报。

③纳税人需先到已与国税局联网的银行签订通过银税库联网缴款的《委托代扣税款协议书》后，才能在网上缴款。

（2）网上报税操作流程如下（纳税人登录国税网站后，操作步骤如下）：

①使用已注册的用户登录名/密码登录"我的办税大厅"确认电子报税协议。

②点击左栏菜单"网上申报"进行网上申报系统。

③点击左栏菜单，选择待申报税种，并在出现的下拉子菜单中选择申报表（或附表）。

④录入申报表（或附表应填项目）点击"保存"按钮。

⑤点击"正式"申报按钮，完成申报。

⑥继续缴款点击"下一步"进入扣款界面。

⑦点击确定按钮完成扣款操作。

（3）注意事项：

① 纳税人存在以下特殊情形的，不能采用网上报税，必须到国税机关办税大厅申报纳税：

- 纳税人应补（退）税额为负数的申报（即产生多缴的申报）；
- 汇总申报纳税人总机构和分支机构纳税人申报纳税；
- 延期缴纳税款的；
- 逾期申报处罚的；
- 纳税人对系统提示数据有异议的（例如预缴税额、减免税额等数据）；
- 纳税人正式提交申报表后发现申报表数据错误的；
- 代开发票或其他形式需预缴税款的。

② 网上申报纳税包括申报和缴款两个环节，申报结束后应及时缴款。

若纳税人逾期缴纳税款，税务局将按规定加收滞纳金。若纳税人逾期申报，须到征收大厅接受处罚。

③获取税票。

纳税人成功缴纳税款后，按与银行签定的《委托代扣税款协议书》中约定的方式取得《委托收款凭证》。如纳税人需要税务局开具的完税凭证，可持《委托收款凭证》到税务局换开《税收转账专用完税证》。

④申报资料的报送。

纳税人采用网上报税的，不需定期报送纳税申报表，但纳税人应自行保存备查。各税种附表、财务会计报表等按现行规定报送。

【边学边问】公司要注销重新设立，每年的工商年检审计3月份才开始，如果公司在3月份之前就要注销，请问还需要哪些审计？关于公司的注销审计是否可以请注册税务师事务所？

解析：

（1）公司注销所需要的资料及程序是：

①公司清算组织负责人签署的《公司注销登记申请书》。

②股东会决议（全体股东签字），内容：

● 注销理由。

● 成立以股东为主的清算小组，推举小组负责人。

③清算报告（载有从××日期起已公告三次和债权债务已清理完毕的内容），经清算小组全体人员签字，并由股东签字盖章确认。

④有关注销证明：

● 税务登记注销证明（国税、地税）。

● 银行账号注销证明。

● 公安部门收缴印章证明。

⑤股东会决议后60天内在报纸上公告至少三次。内容：××公司（注册号×××）股东会决定自×年×月×日起停止经营，请债权人自本公司第一次公告之日起90天内，向本公司清算小组申报债权。逾期不报，视为放弃权利，清算结束后，本公司将依法向登记机关申请注销登记。

⑥《企业法人营业执照》正、副本。

⑦如设有分公司，分公司一并办理注销。

⑧登记机关要求提交的其他文件。

（2）是否需要审计，目前没有强制性规定，请先咨询主管工商局为宜，同时，这里如果要审计，应该请有会计报表审计资格的会计师事务所为宜。

如何缴纳税款

纳税人在纳税申报后，应按照法定的方式、期限将税款解缴入库，这是纳税人完全履行纳税义务的标志。纳税人在缴纳税额时应注意掌握如下内容。

1. 税款缴纳的方式

（1）自核自缴方式。生产经营规模较大、财务制度健全、会计核算准确、一贯依法纳税的企业，经主管国家税务机关批准，企业依照税法规定，自行计算应纳税额，自行填写审核纳税申报表，自行填写税收缴款书，到开户银行解缴应纳税款，并按规定向主管国家税务机关办理纳税申报并报送纳税资料和财务会计报表。

（2）申报核实缴纳方式。生产经营正常、财务制度基本健全、账册凭证完整、会计核算较准确的企业依照税法规定计算应纳税款，自行填写纳税申报表，按照规定向主管国家税务机关办理纳税申报；并报送纳税资料和财务会计报表，经主管国家税务机关审核，填开税收缴款书，纳税人按规定期限到开户银行缴纳税款。

（3）申报查验缴纳方式。对于财务制度不够健全，账簿凭证不完备的固定业户，应当如实向主管国家税务机关办理纳税申报并提供其生产能力、原材料、能源消耗情况及生产经营情况等，经主管国家税务机关审查测定或实地查验后，填开税收缴款书或者完税证，纳税人按规定期限到开户银行或者税务机关缴纳税款。

（4）定额申报的缴纳方式。对于生产规模较小，确无建账能力或者账目不健全，不能提供准确纳税资料的固定业户，按照国家税务机关核定的企业（销售）额和征收率按规定期限向主管国家税务机关申报缴纳税款。

纳税人采取何种方式缴纳税款；由主管国家税务机关确定。

2. 纳税期限与延期纳税

关于税款缴纳的时限有三个层次。

（1）纳税义务发生时间，就是纳税人发生应税行为、应当承担纳税义务的起始时间。

（2）纳税期限，指的是法律、行政法规规定的或税务机关依照法律、行政法规，规定纳税人据以计算应纳税额的期限。

各税种的纳税期限因其征收对象、计税环节等的不同而不尽一致，即使同一税种具体到每个纳税人也不一样。具体到每个纳税人的纳税期限，则由县级以上税务机关根据纳税人应纳税额的大小来确定。

（3）税款缴库期，它是指纳税计算期满后，纳税人报缴税款的法定期限。

　　纳税计算期满后，纳税人即缴纳应缴税款。由于纳税人对纳税计算期内所取得的应税收入和应纳税款需要一定的时间进行结算和办理缴纳手续，因此各税种的税法条例又规定了税款的入库期限。如表 10 - 2 所示。

表 10 - 2　　　　　　　各税种纳税义务发生时间与纳税期限对照

内容 比较项目 税种	纳税义务发生时间	纳税期限
增值税	①销售货物或应税劳务的增值税纳税义务发生时间为： ●采取直接收款方式销售货物的，不论货物是否发出，均为收到销售额或取得索取销售额的凭据，并将提货单交给买方的当天 ●采取托收承付和委托银行收款方式销售货物的，为发出货物并办妥托收手续的当天 ●采取赊销和分期收款方式销售货物，为按合同约定的收款日期的当天 ●采取预收货款方式销售货物，为货物发出的当天 ●委托其他纳税人代销货物的，为收到代销单位销售的代销清单的当天 ●销售应税劳务的，为提供劳务同时收讫销售额或取得索取销售额的当天 ●纳税人发生视同销售行为的，为货物移送的当天 ②进口货物的增值税纳税义务发生时间为货物报关进口的当天	①纳税期限有 1 日、3 日、5 日、15 日、1 个月或者 1 个季度，纳税人的具体纳税期限由主管税务机关根据纳税人应纳税额的大小分别核定，不能按照固定期限纳税的可以按次纳税 ②纳税期限为 1 个月或者 1 个季度的，纳税人应在期满之日起 15 日内申报纳税；纳税期限低于 1 个月的，自期满之日起 5 日内预缴税款，于次月 1 日起 15 日内申报纳税并结清上月应纳税款 ③纳税人进口货物，应当自海关填发税款缴纳证之日起 15 日内缴纳税款

续表

比较项目 内容 税种	纳税义务发生时间	纳税期限
消 费 税	①纳税人销售应税消费品的纳税义务发生时间为： ●纳税人采取赊销和分期付款结算方式的，其纳税义务发生时间为销售合同规定的收款日期的当天 ●纳税人采取预收货款结算方式的，其纳税义务的发生时间为发出应税消费品的当天 ●纳税人采取托收承付和委托银行收款方式的，其纳税义务发生时间为发出应税消费品并办妥托收手续的当天 ●纳税人采取其他结算方式的，其纳税义务的发生时间为收讫销售款或取得索取销售款凭据的当天 ②纳税人自产自用的应税消费品，其纳税义务的发生时间为移送使用的当天 ③纳税人委托加工的应税消费品，其纳税义务的发生时间为纳税人提货的当天 ④纳税人进口的应税消费品，其纳税义务的发生时间，为报关进口的当天	①纳税期限有 1 日、3 日、5 日、15 日、1 个月或者 1 个季度，纳税人的具体纳税期限由主管税务机关根据纳税人应纳税额的大小分别核定；不能按固定期限纳税的，可以按次纳税 ②纳税期限为 1 个月或者 1 个季度的，纳税人应在期满之日起 15 日内申报纳税；纳税期限低于 1 个月的，应在期满之日起 5 日预缴税款，并在次月 1 日起 15 日内申报纳税并结清税款 ③纳税人进口应税消费品，应当自海关填发税款缴款书之日起 15 日内缴纳税款

比较项目\内容\税种	纳税义务发生时间	纳税期限
营业税	①纳税义务发生时间为纳税人收讫营业收入款项或取得索取营业收入款项凭据的当天 ②纳税人转让土地使用权或者销售不动产,采用预收款方式的,其纳税义务发生时间为收到预收款的当天 ③纳税人有自建自销行为的,其自建行为的纳税义务发生时间为其销售自建建筑物并收讫营业额或者取得索取营业额的凭据的当天 ④纳税人将不动产无偿赠与他人,其纳税义务发生时间为不动产所有权转移的当天	①纳税期限有5日、10日、15日、1个月或者1个季度的,纳税人的具体纳税期限,由主管税务机关根据纳税人应纳税额的大小分别核定;不能按照固定期限纳税的,可以按次纳税 ②纳税期限为1个月或者1个季度的,纳税人应在自期满之日起15日内申报纳税;纳税期限低于1个月的,应自期满之日起5日内预缴税款,于次月1日起15日内申报纳税并结清上月应纳税款 ③扣缴义务人的解缴税款期限,比照前两条规定执行 ④金融业(不包括典当业)的纳税期限为1个季度 ⑤保险业的纳税期限为1个月
企业所得税	纳税义务发生时间为纳税人取得应纳所得税额时	①在月份或季度终了后15日内,向其所在地主管税务机关报送会计报表和预缴所得税申报表 ②年度终了后,汇总纳税的成员企业应在45日内进行纳税申报,就地纳税企业和汇总纳税的总机构应在次年4月底前向其所在地主管税务机关报送会计决算报表所得税申报表,进行纳税申报。 ③纳税人在年度中间合并、分立、终止时,应当在停止生产、经营之日起60日内,向当地主管税务机关办理当期所得税汇算清缴

比较项目 内容 税种	纳税义务发生时间	纳税期限
个人所得税	纳税义务发生时间为纳税人取得应纳税所得额时	①纳税人应在取得应纳税所得的次月7日内向主管税务机关申报所得并缴纳税款 ②扣缴义务人每月所扣的税款，应在次月7日内缴入国库 ③账册健全的个体工商户的生产、经营所得应纳的税款，按年计算，分月预缴，纳税人在次月7日内申报预缴，年度终了后3个月内汇算清缴，多退少补 ④纳税人年终一次性取得承包经营、承租经营所得的，自取得收入之日起30日内申报纳税；在1年内分次取得承包经营、承租经营所得的应在取得每次所得后的7日内申报预缴，年度终了后3个月内汇算清缴 ⑤从中国境外取得所得的纳税人，其来源于中国境外的应纳税所得，如在境外的纳税年度计算缴纳个人所得税的，应在所得来源国的纳税年度终了结清税款后的30日内，向中国主管税务机关申报纳税；如在取得时结清税款的，应在次年1月1日起30日内向中国主管税务机关申报纳税 ⑥个人独资企业和合伙企业投资者应纳的个人所得税税款，按年计算，分月或者分季预缴，由投资者在每月或者每季度终了后7日内预缴，年度终了后3个月内汇算清缴，多退少补 ⑦个人独资企业和合伙企业在年度中间合并、分立、终止时，投资者应当在停止生产经营之日起60日内，向主管税务机关办理当期个人所得税汇算清缴

221

比较项目 内容 税种	纳税义务发生时间	纳税期限
资 源 税	①纳税人销售应税产品，其纳税义务发生时间是： ●纳税人采取分期收款结算方式的，其纳税义务发生时间为销售合同规定的收款日期的当天 ●纳税人采取预收货款结算方式的，其纳税义务发生时间为发出应税产品的当天 ●纳税人采取其他结算方式的，其纳税义务发生时间为收讫销售款或者取得索取销售额凭据的当天 ②纳税人自产自用应税产品的，纳税义务发生时间为移送使用应税产品的当天 ③扣缴义务人代扣代缴税款的，纳税义务发生时间为支付首笔货款或开具应支付货款凭据的当天	①纳税期限为 1 日、3 日、5 日、10 日、15 日或者 1 个月，由主管税务机关根据实际情况具体核定 ②纳税人以 1 个月为一期纳税的，自期满之日起 10 日内申报纳税；以 1 日、3 日、5 日、10 日或者 15 日为一期纳税的，自期满之日起 5 日内预缴税款，于次月 1 日起 10 日内申报纳税并结清上月税款
城市维护建设税	纳税义务发生时间与"三税"相同。纳税期限分别与"三税"的纳税期限一致： ①增值税、消费税的纳税期限均分别为 1 日、3 日、5 日、10 日、15 日、1 个月或者 1 个季度，营业税的纳税期限分别为 5 日、10 日、15 日、1 个月或者 1 个季度 ②增值税、消费税、营业税的纳税人的具体纳税期限，由主管税务机关根据纳税人应纳税额大小分别核定 ③不能按固定期限纳税后，可以按次纳税	

续表

内容 税种 \ 比较项目	纳税义务发生时间	纳税期限
城镇土地使用税	自 2007 年 1 月 1 日起,纳税人以出让或转让方式有偿取得土地使用权的,应由受让方从合同约定交付土地时间的次月起缴纳城镇土地使用税,合同未约定交付土地时间的,由受让方从合同签订的次月起缴纳	实行按年计算,分期缴纳的征收办法,具体纳税期限由省、自治区、直辖市人民政府确定
房产税	①纳税人将原有房产用于生产经营,以生产经营之月起,缴纳房产税。②纳税人自行新建房屋用于生产经营,从建成之次月起,缴纳房产税。③纳税人委托施工企业建设的房屋,从办理验收手续之次月起,缴纳房产税。纳税人在办理手续前,即已使用或出租、出借的新建房屋,应从使用或出租、出借的当月起,缴纳房产税	实行按年计算,分期缴纳的征收方法,具体纳税期限由省、自治区、直辖市人民政府确定
车船税	①纳税人使用应税车船,从使用之日起,发生车船税的纳税义务。②纳税人新购置车船使用的,从购置使用的当月起,发生车船税的纳税义务③已向交通航运管理机关上报全年停运或者报废的车船,当年不发生车船税的纳税义务。停运后又重新使用的,从重新使用的当月起,发生车船税的纳税义务	实行按年计算,分期缴纳的征收方法,具体纳税期限由省、自治区、直辖市人民政府确定

比较项目 内容 税种	纳税义务发生时间	纳税期限
印花税	合同签订、书据立据、账簿启用和证照领受时	汇总缴纳的限期和限额由当地税务机关确定，但最长期限不能超过 1 个月
契税	纳税人在签订土地、房屋权属转移合同的当天，或者取得其他具有土地、房屋权属转移合同性质凭证的当天为纳税义务发生时间	纳税人应自纳税义务发生之日起 10 日内，向土地、房屋所在地的契税征收机关办理纳税申报，并在契税征收机关核定的期限内缴纳税款，索取完税凭证
关税		纳税义务人或他们的代理人应在海关填发税款缴纳证之日起 15 日内，向指定银行缴纳，并由当地银行解缴中央金库
土地增值税	纳税人在中国境内以出售或者其他方式有偿转让国有土地使用权、地上建筑物（包括地上、地下的各种附属设施）及附着物（简称转让房地产）并取得收入时	纳税人应在转让房地产合同签订后的 7 日内，到房地产所在地主管税务机关办理纳税申报

对于延期纳税，现行《税收征收管理法》明确规定，纳税人因有特殊困难，不能按期缴纳税款的，经省、自治区、直辖市国家税务局、地方税务局或者其授权的县税务局（分局）批准，可以延期缴纳税款，但是最长不得超过 3 个月（关税是 6 个月）。

纳税人申请延期缴纳税款必须在规定的纳税期限之前向主管国家税务机关提出书面申请，领取延期纳税审批表，说明原因，经主管国家税务局核准后在批准的延期内缴纳税款，未经核准的，仍应在规定的纳税期限内缴纳税款。具体的延期纳税申请流程如图 10-6 所示。

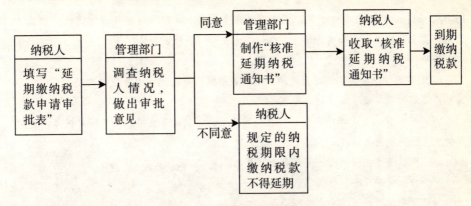

图 10-6　延期纳税申请流程

3. 税款补缴与退还

（1）由于纳税人、扣缴义务人计算错误等失误，未缴或者少缴税款的，税务机关在 3 年内可以追征税款、滞纳金；有特殊情况的，追征期可以延长到 5 年。

（2）因税务机关的责任，致使纳税人、扣缴义务人未缴税款的，税务机关在 3 年内可以要求纳税人、扣缴义务人补缴税款，但是不得加收滞纳金。

（3）纳税人超过应纳税额缴纳的税款，税务机关发现后应当立即退还；纳税人自结算缴纳税款之日起 3 年内发现的，可以向税务机关要求退还多缴的税款并加算银行同期存款利息，税务机关及时查实后应当立即退还；涉及从国库中退还的，依照法律、行政法规有关国库管理的规定退还。

（4）纳税人享受出口退税及其他退税优惠政策的，应当按照规定向主管国家税务机关申请办理退税。

【边学边问】 去年没有交印花税,现在补还来得及吗?我们公司就只有账簿和实收资本这两块要交印花税,如果交的话,到哪里去办呢?需要什么手续?

解析:

(1)购买印花税票应该在当地地税局或者地税局委托代售印花税票的单位购买,手续一般是填购花申请,直接购花即可。

(2)您补交的是去年的印花税,故借方应该通过以前年度损益调整科目核算,在06年的企业所得税前扣除:

借:以前年度损益调整——调整管理费用

　　贷:库存现金,银行存款

借:应交税费——应交企业所得税

　　贷:以前年度损益调整——调整所得税

借:利润分配——未分配利润

　　贷:以前年度损益调整

纳税争议

1. 行政复议

(1)申请复议的时间。纳税人、扣缴义务人和其他税务当事人,同税务机关在纳税上发生争议时,必须先依照税务机关根据法律、行政法规确定的税额缴税或者解缴税款及滞纳金,然后可以在收到税务机关填发的缴款凭证之日起60日内向上一级国家税务机关申请复议。

申请人对税务机关做出的税收保全措施、税收强制执行措施及行政处罚行为不服,可以在接到处罚通知之日起或者税务机关采取税收保全措施,强制执行措施之日起15日内向上一级税务机关申请复议。

申请人对税务机关的其他具体行政行为不服的,应当在知道具体行政行为之日起15日内向上一级税务机关申请复议。

(2)申请复议应当符合以下条件:

①申请人认为具体行政行为直接侵犯了其合法权益。

②有明确的被申请人。

③有具体的复议请求和事实依据。

④属于申请复议范围。

⑤属于复议机关管辖。

⑥在提出复议申请前已经依照税务机关根据法律、行政法规确定的税额缴纳或者解缴税款及滞纳金。

（3）复议申请书应当载明的内容：

①申请人的姓名、性别、年龄、职业、住址等（法人或其他组织的名称、地址、法定代表人的姓名）。

②被申请人的名称、地址。

③申请复议的要求和理由。

④已经依照国家税务机关根据法律、行政法规确定的税额缴纳或者解缴税款及滞纳金的证明材料。

⑤提出复议申请的日期。

（4）复议的申请。纳税人、扣缴义务人、纳税担保人和其他税务争议当事人以自己的名义申请复议。有权申请复议的，与具体行政行为有利害关系的人或者组织，经复议机关批准，可以作为第三人申请参加复议。

（5）复议的受理。

①申请复议的单位和个人必须按照税务行政复议的要求提交有关材料、证据并提出答辩书。

②申请复议的单位和个人在复议审理中可以申请回避，但要服从复议机关法定人员做出的是否回避的决定。

③申请复议的单位和个人可以向复议机关申请撤销、收回其复议申请，但必须经过复议机关同意，撤回复议申请才产生法律效力。

④复议申请人认为税务机关的具体行政行为侵犯了其合法权益并造成了损害，可以在提起复议申请的同时请求赔偿。

（6）复议的执行。

复议申请人接到复议裁决书时必须签收。

复议决定书经送达即发生法律效力，应当自觉执行复议决定。如果对复议决定不服的，可以向人民法院起诉。

申请人逾期不起诉，又不履行税务行政复议决定的，人民法院强制其执行。

2. 行政诉讼

复议申请人对国家税务机关做出的不予受理其复议申请的裁决不服，可自收到不予受理裁决书之日起 15 日内，就复议机关不予受理的裁决本身向人民法院起诉。

复议申请人对复议决定不服的，可以自接到复议决定书之日起 15 日内向人民法院起诉。

纳税人对税务机关做出的除征税以外的其他具体行政行为不服，也可直接向人民法院起诉。直接向人民法院起诉的，当事人应在接到税务机关的有关通知之日起 15 日内或者没有通知时在知道具体行政行为之日起 3 个月内提出。

税务代理

1. 税务代理的申请

纳税人、扣缴义务人可以向税务师事务所递交书面申请，委托税务代理。税务代理内容为：办理税务登记、变更税务登记、注销税务登记、除增值税专用发票外的发票领购手续、纳税申报或扣缴税款报告、税款缴纳和申请退税、制作涉税文书、审查纳税情况、建账建制、办理财物、税务咨询、受聘税务顾问、申请税务行政复议或者税务行政诉讼以及国家税务总局规定的其他业务。委托税务代理可以是全面代理、单项代理或常年代理、临时代理。

2. 税务代理关系的成立

纳税人、扣缴义务人向税务师事务所提出申请，并与代理机构商定代理事宜后，双方签订委托代理协议书。委托代理协议书应当载明委托人及税务师事务所名称和住址、代理项目和范围、代理方式、双方的义务和责任、委托代理费用、付款方式及付款期限、违约责任及赔偿方式、争议解决方式以及其他需要载明的事项，并由双方法定代表人签名盖章。纳税人、扣缴义务人向税务师事务所按规定缴纳代理费用后，代理与委托代理关系成立。当委托代理的业务范围发生变化时，被代理人应及时向代理人提出申请，修订协议书。

3. 税务代理事宜的执行

纳税人、扣缴义务人委托代理办税事宜，必须按签订协议的内容提供必要的生产经营情况及有关资料，保证代理业务正常进行。

4. 税务代理关系的终止

（1）当委托税务代理期限届满或代理事项完成，税务代理关系自然终止。

（2）被代理人有下列情况之一的，在代理期间内可以单方终止代理行为：

①税务代理执业人员未按代理协议的约定提供服务。

②税务师事务所被注销资格。

③税务师事务所已破产、解体或被解散。

（3）税务代理人对有下列情况之一的在委托期限内可以单方终止代理行为：

①委托人死亡或解体、破产。

②委托人自行实施或授意税务代理执业人员实施违反国家法律、法规行为，经劝告仍不停止其违法活动的。

③委托人提供虚假的生产经营情况和财务会计资料，造成代理错误的。

（4）被代理人或税务代理人按规定单方终止委托代理关系的，终止方应及时通知另一方，并向当地主管税务机关报告，同时公布终止决定。

5. 税务代理的法律责任

税务代理人违反税收法律、行政法规，造成纳税人未缴或者少缴税款的，除由纳税人缴纳或者补缴应纳税款、滞纳金外，对税务代理人处纳税人未缴或者少缴税款 50% 以上 3 倍以下的罚款。

纳税担保

纳税担保是纳税人为了保证履行纳税义务，以货币或实物等形式向税务机关所作的税款抵押。在一般情况下，纳税人无须提供纳税担保，只有在有根据认为从事生产、经营的纳税人有逃避纳税义务行为或发现纳税人有明显的转移、隐匿其应税的商品、货物以及其他财产或应纳税收入的迹象时，税务机关才会责成纳税人提供纳税担保。提供纳税担保的主要方式如下：

1. 以货币保证金作纳税担保

纳税人须在纳税义务发生前向税务机关预缴一定数量的货币，作为纳税保证金。预缴金额大致相当于或略高于应缴税款，如果纳税人不能按期照章纳税，税务机关即可将其抵作应缴税款、滞纳金和罚款。如果纳税人如期履行了纳税义务，可凭完税凭证如数领回其预缴的保证金。

2. 以实物抵押品作纳税担保

纳税人须在纳税义务发生前向税务机关提交一定数量的实物，如商品、货物等，作为应纳税款抵押品，其价值应大致相当于或略高于应缴税款，如果纳税人不能按期缴纳税款，税务机关可按有关规定拍卖其实物抵押品，以所得款项抵缴纳税人应纳税款、滞纳金和罚款。如果纳税人按期缴纳了税款，则可凭完税凭证如数领回其交保的实物抵押品。

3. 由纳税担保人作纳税担保

由纳税人提名，经税务机关认可，可由第三方出面为纳税人作纳税担保，保证纳税人在发生纳税义务后依法纳税，如纳税人逾期不缴，则由担保人负责为其缴纳税款、滞纳金和罚款。纳税担保人应是在我国境内具有纳税担保能力的公民、法人或其他经济组织。国家机关不能作纳税担保人，因其不具备代偿债务或代缴税款的经济能力。纳税担保人在承诺纳税担保责任时，应履行承保手续，填写纳税担保书，写明担保的对象、范围、期限及责任等有关事项。纳税担保书经纳税担保人、纳税人和税务机关三方认同并签字盖章后即可生效。

如何合理避税

合理避税，是指为了达到减少交税金额，使纳税人获得更多可支配收入的目的，是在不违背税法规定的基础上，在生产经营活动中选择税负最轻、税收优惠最多的方式。就目前而言，我国较具操作价值的方案主要有以下几种：

1. 投资方案避税法

（1）在投资方式上。可先把资金投入合资企业，再以合资企业名义开展投资活动，以满足税法要求的优惠条件，合理避税。

（2）在投资地区选择上。在我国，不同区域其优惠税收政策也不一样，那些不是非优惠区的企业，可以在这些地区设置委托机构，把企业适当的资产和利润挂在委托机构名下，以合理避税。

2. 成本费用避税法

它是企业通过对成本费用项目的组合和核算，使之符合税法、财务会计制度及财务规定有关少纳税或不纳税的要求，实现合理避税的目的。

目前，我国在一些具体的财务核算中，给企业留下了一定的选择空间。以材料计价为例，企业可在先进先出法、加权平均法、移动平均法、个别计价法中间任选一种。因为市场上材料的价格是波动的，因此采用不同的方法计价后，计入当期产品的成本是不同的。如果选择得当，就有合理避税的可能。

3. 转让定价避税法

又称"转移价格"，是指在经济活动中，有经济联系的企业各方为均摊利润或转移利润而在购销业务、提供劳务、贷款业务、租赁业务、无形资产转让和管理费支付上不依照市场规则和市场价格，而根据他们之间的共同利益或为了最大限度地增加他们的收入而进行的交易。这样，收入和费用在有关企业之间重新分配，便于利用不同区域间的税收优惠差异。

第 11 招

巧学会计电算化

本章主要内容

☆ Excel 表格操作解密

☆ 利用 Excel 快速录入小数

☆ 利用 Excel 制作工资计算表

☆ 增值税专用发票的填写

☆ 正确修改财务系统中的错误凭证

Excel 表格操作解密

Excel 表格的操作技巧如表 11 - 1 所示。

表 11 - 1   Excel   表格操作技巧

操作内容	操作方法
把选定的单元格拖放至新的位置	选定单元格，按下 Shift 键，移动鼠标指针至单元格边缘，直至出现拖放指针箭头（空心箭头），然后按住鼠标左键进行拖放操作。上下拖拉时鼠标在单元格间边界处会变为一个水平"工"状标志，左右拖拉时会变为垂直"工"状标志，释放鼠标按钮完成操作后，选定的一个或多个单元格就被拖放至新的位置
在不影响序号的前提下调整内容	要保证序号是不随着表格其他内容的调整而发生变化，在制作 Excel 表格时就应将序号这一字段与其他字段分开，可将这一空的列字段设为隐藏，那么在调整表格内容时就不会影响序号了
将表格标题应用于所有页	在文件菜单——页面设置——工作表——打印标题；可进行顶端或左端标题设置，通过按下折叠对话框按钮后，用鼠标划定范围，Excel 就会自动在各页上加上划定的部分作为表头，使每一页的第一行或几行是相同的
快速将数字作为文本输入	一是在输入第一个字符前，键入单引号；二是键入等号" ="，并在数字前后加上双引号
定义自己的函数	切换至 Visual Basic 模块，或插入一页新的模块（Module），在出现的空白程序窗口中键入自定义函数 VBA 程序，按 Enter 确认后完成编写工作，Excel 将自动检查其正确性。此后，在同一工作簿内，就可以与使用 Excel 内部函数一样在工作表中使用自定义函数

续表

操作内容	操作方法
使用鼠标右键拖动单元格填充柄	在单元格内输入数据,按住鼠标右键沿着要填充序列的方向拖动填充柄,将会出现包含下列各项的菜单:复制单元格、以序列方式填充、以格式填充、以值填充、以天数填充、以工作日填充、以月填充、以年填充;序列……然后根据需要选择一种填充方式
使用鼠标左键拖动单元格填充柄	在第一个单元格内输入起始数据,在下一个单元格内输入第二个数据,选定这两个单元格,将光标指向单元格右下方的填充柄,沿着要填充的方向拖动填充柄,拖过的单元格中会自动按 Excel 内部规定的序列进行填充
拆分或取消拆分窗口	向下滚动过程中当标题自行消失后,容易记错各列标题的相对位置。可以将窗口拆分为几部分:在主菜单上单击"窗口"—"拆分窗口",将标题部分保留在屏幕上不动,只滚动数据部分。取消拆分窗口时将鼠标指针置于水平拆分或垂直拆分线或双拆分线交点上,双击鼠标即可
给工作簿扩容	选取"工具"—"选项"命令,选择"常规"项,在"新工作簿内的工作表数"对话栏用上下箭头改变打开新工作表数。一个工作簿最多可以有 225 张工作表,系统默认值为 6
输入相同的文字信息	先按住 Shift 键,点击工作表的名字选中所有工作表,然后在第一个工作表中填写所有工作表相同的内容,其余工作表中也会自动出现这些内容
打开特定的工作簿	把工作簿保存到 XLStart 文件夹,便可自动打开它。XLStart 通常在 Program FilesMicrosoft Office10 下。如果想保存在"我的文档"里面,可以选择菜单"工具—选项",填写"常规"选项卡中的"启动时打开此项中的所有文件"

操作内容	操作方法
行列转置	选中需要进行行列转换的单元格区域，单击"编辑"菜单中的"复制"命令，再单击要存放转置表区域的上角单元格，单击"编辑"菜单中的"选择性粘贴"命令，在"选择性粘贴"对话框，选中"转置"复选框，单击［确定］按钮
快速显示公式	选中多个单元格，状态条随时显示出求和结果，右键点击该结果，将显示出平均值、计数、最大和最小值等各种常用计算功能
自动换行	先选中欲设定自动换行的单元格或范围，再选中格式菜单"单元格"命令，在"单元格格式"对话框中选中"对齐"标签，确认"自动换行"复选框并确定
强行换行	光标移到在需要换行的位置上同时按下 Alt + Enter。使用强行换行时，系统会同时选择自动换行功能
文字旋转	在"单元格格式"对话框中选择"对齐"标签，再在"方向"框中选中所要的格式
中、英文输入法智能化选择	要想在某些单元格中仅输入中文，可选中需要输入中文的单元格区域，选择"数据→有效性"，选择"数据有效性"对话框，切换到"输入法模式"标签下，按"模式"右侧下拉按钮，选中"打开"选项后，"确定"退出
为单元格快速画边框	单击"格式"工具栏上的"边框"右侧的下拉按钮，在随后弹出的下拉列表中，选"绘图边框"选项，或者执行"视图→工具栏→边框"命令，展开"边框"工具栏。单击工具栏最左侧的下拉按钮，选中一种边框样式，然后在需要添加边框的单元格区域中拖拉，即可为相应的单元格区域快速画上边框

操作内容	操作方法
多表格同步输入	单击第一个工作表的标签名"sheet1"，然后按住 Shift 键，单击最后一张表格的标签名"sheet3"（也可以按住 Ctrl 键进行点选），标题栏上的名称将出现"工作组"字样。在需要一次输入多张表格内容的单元格中输入，则"工作组"中所有表格的同一位置都显示出相应内容
多表格统一改变格式	改变第一张表格的数据格式，再单击"编辑"菜单的"填充"选项，在其子菜单中选择"至同组工作表"，弹出"填充成组工作表"的对话框，选择"格式"一项点"确定"后，同组中所有表格该位置的数据格式都相应改变
有选择地"抓图"	单击"工具"菜单中"自定义"选项，在"命令"卡片的"类别"中选中"工具"，找到"摄影"按钮，并将它拖到工具栏的任意位置。选择表格中想拍照的部分，按下"摄影"按钮，然后将鼠标移动到需要显示"照片"的地方再按下"摄影"按钮，照片就立即粘贴过来了
快速删除空行	如果行的顺序不可改变，你可以先选择"插入"→"列"，插入新的一列并在 A 列中顺序填入整数。然后根据其他任何一列将表中的行排序，使所有空行都集中到表的底部，删去所有空行。最后以 A 列重新排序，再删去 A 列，恢复工作表各行原来的顺序
快速删除特定数据	例如想将所有数量为 0 的行删除，首先选定区域（包括标题行），然后选择"数据"\"筛选"\"自动筛选"。在"数量"列下拉列表中选择"0"，那么将列出所有数量为 0 的行。此时在所有行都被选中的情况下，选择"编辑"—"删除行"，然后按"确定"即可删除所有数量为 0 的行。最后，取消自动筛选

238

操作内容	操作方法
快速地批量修改数据	例如职工工资表中想将所有职工的补贴增加 30（元），可以使用"选择性粘贴"功能：在某个空白单元格中输入 30，选定此单元格，选择"编辑"\"复制"。选取想修改的单元格区域，例如从 D4 到 D200。然后选择"编辑"\"选择性粘贴"对话框"运算"栏中选中"加"运算，按"确定"键即可。最好，要删除开始时在某个空白单元格中输入的 30

利用 Excel 快速录入小数

在工作中，会计人员要经常录入大批保留三位小数的数据表，数据范围为 0.001 ~ 100.000，由于大部分数据集中在 0.001 ~ 0.010 之间，这样输入一个数据就需要击键 5 次，录入速度比较慢。能不能提高输入速度呢？经过相关人员研究，发现通过对数据格式进行重新定义可大大提高录入效率，如输入"0.001"只需输入"1"即可，下面是具体的实现方法和步骤：

1. 自动设置小数点

（1）选定需要输入数据的单元格。

（2）在"工具"菜单上，单击"选项"，再单击"编辑"选项卡。

（3）选中"自动设置小数点"复选框。

（4）在"位数"框中，输入小数位数，本例中输入"3"。

（5）单击"确定"按钮，开始输入数据。

提示："位数"框中可输入正数，也可以输入负数。例如，如果在"位数"框中输入"3"，然后在单元格中键入"1"，则其值为"0.001"。如果在"位数"框中输入"-3"，然后在单元格中键入"1"，则其值为"1 000"；在选择"自动设置小数点"选项之前输入的数字不受小数位数的影响。

2. 自定义数据格式

（1）选定需要输入数据的单元格。

（2）在"格式"菜单上，单击"单元格"，选中"数字"选项卡。

（3）在"分类"下拉框中选中"自定义"。

（4）单击"类型"输入框，输入新的格式类型"0.000"，注意逗号"，"为半角英文字符，而非中文全角标点。

（5）单击"确定"按钮，开始输入数据。

提示：可以通过自定义"类型"来定义数据小数位数，在数字格式中包含逗号，可使逗号显示为千位分隔符，或将数字缩小至它的1‰。如对于数字"1 000"，字义为类型"# ###"时将显示为"1 000"，定义为"#"时显示为"1"。

不难看出，使用以上两种方法虽然中以实现同样的功能，但仍存在一定的区别：使用方法一更改的设置将对数据表中的所有单元格有效，方法二则只对选中单元格有效，使用方法二可以针对不同单元格的数据类型设置不同的数据格式。使用时，用户可根据自身需要选择不同的方法。

利用 Excel 制作工资计算表

在企、事业单位中人事部门每月都将花费大量的精力制作当月工资发放通知单。其实利用 Excel 中的 IF 函数来设计计算表可大大提高工作效率。

首先建立一个 Excel 基本情况表，如工号、姓名、工资、奖金、补贴等（可使用财务部门数据），然后在姓名后插入任意列（如病假、事假、迟到等）。在表的最后几列标示扣工资、扣奖金、扣补贴与标记等。

现在示例利用 IF 函数来设计工资计算表。

假设条件：

工资：当月病假天数小于 6 天，不扣工资；大于 5 天扣全月 20% 工资。当月事假天数小于 6 天，不扣工资；大于 5 天扣全月 30% 工资。

奖金：当月病、事假合计超过 10 天，停发当月奖金。合计小于 10 天病假，每天扣奖金 10 元，事假每天扣奖金 20 元；迟到每次扣奖金 5 元。

补贴：当月病假小于 16 天，每天扣补贴 1/23，大于 15 天停发。当月事假小于 11 天，每天扣补贴 1/23，大于 10 天停发。

制表过程：

（1）单击 I2，打开粘贴函数（fx），选逻辑类的 IF，单击确定。Logical_test 位置 C2 < 6；Value_if_true 位置填 0；Value_if_false 位置填 F2 * 20%，回车。

（2）把光标停在公式栏右边，打开粘贴函数（fx），选逻辑类的 IF，只不过分别填入 D2 < 6，0，F2 * 30%，回车。

（3）单击 J2，重复第 1 步，分别填入 C2 + D2 > 10，G2，C2 * 10 + D2 * 20，回车。

（4）重复第 2 步，分别填入 E2 > 0，E2 * 5，0，回车。

（5）单击 K2，重复第 1 步，分别填入 C2 < 16，C2 * H2 * 1/23，H2。

（6）重复第 2 步，分别填入 D2 < 11，D2 * H2 * 1/23，H2，回车。

（7）单击 L2，重复第 1 步，分别填入 I2 + J2 + K2 > 0，1，0。

最后使用自动填充柄在 I、J、K、L 列按需要填充，以后每月只要在 C、D、E 列输入考勤记录，然后在 L 列使用自动筛选，此种方法非常简便实用。

增值税专用发票的填写

增值税专用发票的填写应注意以下几点：

（1）"购货单位名称"栏，填写购货单位名称的全称，不得简写；"地址、电话"栏填写购货方单位的详细地址和电话号码；"纳税人登记号"栏填写由税务机关核发的 15 位纳税人识别号，不得多写或少写；"开户银行及账号"栏填写购货单位的开户银行名称及账号。

（2）"货物或应税劳务名称"栏填写销售货物或提供应税劳务的名称和型号。如果销售货物或应税劳务的品种较多，纳税人可按照不同税率的货物进行汇总开具增值税专用发票，在这种情况下，应在本栏注明是汇总开具增值税专用发票。

（3）"规格型号"栏填写货物的规格型号。如果是汇总开具增值税专用发票，此栏可以不填写。

（4）"计量单位"栏填写销售货物或者提供应税劳务的计量单位。如果是汇总开具增值税专用发票，此栏可以不填写。

（5）"数量"栏填写销售货物或者提供应税劳务的数量。如果是汇总开具增值税专用发票，此栏可以不填写。

（6）"单价"栏填写单位货物或应税劳务不含增值税单价。如果纳税人将价格和增值税税额合并定价的，应先计算出不含税单价，然后按不含税单价填写本栏。不含税单价的计算公式为：

$$不含税单价 = 含税单价 \div （1 + 税率）$$

【例】某增值税一般纳税人销售 6 台洗衣机，含税单价为 1 253 元，货款共7 518 元，试确定其不含税单价：不含税单价 = 1 253/（1 + 17%）= 1 070. 94（元）

如果换算使单价、销售额和税额等项发生尾数误差的，应按以下方法计算填开：

①销售额计算公式如下：

$$销售额 = 含税总收入 \div （1 + 税率或征收率）$$

②税额计算公式如下：

$$税额 = 含税总收入 - 销售额$$

③不含税单价计算公式如下：

$$不含税单价 = 销售额 \div 数量$$

按照上述方法计算开具的增值税专用发票，如果票面"货物数量不含税单价 = 销售额"这一逻辑关系存在少量尾数误差，属于正常现象。一般纳税人按简易办法计算应纳税额的和由税务征收机关代开增值税专用发票的小规模纳税人，不含税单价计算公式为：

$$不含税单价 = 含税单价 \div （1 + 征收率）$$

【例】某小规模纳税人，向主管税务机关申请代开"8 个汽车配件，含税单价为 250 元，货款共 2 000 元"的增值税专用发票。试计算其不含税单价：

不含税单价 = 250 ÷ （1 + 6%） = 235.85 （元）

不含税单价的尾数"元"以下一般保留到"分"，特殊情况下，也可以适当增加保留的位数。单价栏不能用分子式表示。如果汇总开具增值税专用发票，此栏可不填写。

（7）"金额"填写增值税专用发票"金额"栏的数字，应按不含税单价的数量相乘计算填写，计算公式为：

"金额"栏数字 = 不含税单价 × 数量

如前例中"金额"栏数字为：1 070.94 × 6 = 6 425.64 （元）

从 1996 年 1 月 1 日起，纳税人使用十万元版增值税专用发票，其填开的金额，必须达到所限面额的最高位。

（8）"税率"填写货物或者应税劳务所适用的增值税税率。税务征收机关代小规模企业开具增值税专用发票，不论销售的是何种货物或劳务，本栏一律填写征收率 6%。一般纳税人销售按规定可以实行简易办法计算缴纳增值税的货物，本栏填写征收率 6%。

（9）"税额"栏填写销售货物或者提供应税劳务的销项税额，销项税额计算公式为：

销项税额 = 销售额 × 税率

税务征收机关代小规模企业开具增值税专用发票，本栏填写小规模企业此笔经济业务的应纳税额，应纳税额计算公式为：

应纳税额 = 销售额 × 征收率

"金额"栏乘"税率"栏的积应等于本栏。

（10）"合计"栏填写销售项目的销售额（金额）与税额各自的合计数。在这两个合计数前要用"￥"符号封顶。

（11）"价税合计"栏填写各项货物和应税劳务销售额（金额）与税额汇总数的大小写金额，未填用的大写金额单位前应划上"￥"符号封顶。

（12）销货单位的"名称"、"地址电话"、"纳税人登记号"、"开户银行及账号"等，属于未按规定开具增值税专用发票，购货方不得作为扣税凭证。

（13）加盖销货单位的财务专用章（或发票专用章）。

（14）"收款人"栏填写办理收款事项的人员姓名。

（15）"开票单位"栏填写开具增值税专用发票的具体单位名称。

正确修改账务系统中的错误凭证

在输入记账凭证时，尽管账务系统提供了多种控制错误的措施，但错误凭证的出现是难免的，为此，系统必须能够提供对错误凭证修改的功能。目前，许多财务软件（如用友、安易、三门）都提供了"反审核、反记账、反结账"功能，这三项功能的使用为错误凭证的修改带来了诸多方便。下面，以用友总账系统（账务系统）V8.11为例，对不同情况下错误凭证的不同修改方法逐个进行分析。

（1）错误凭证的"无痕迹"修改。

所谓"无痕迹"，即不留下任何曾经修改的线索和痕迹。在总账系统中，以下四种情况下的错误凭证可实现无痕迹修改。

第一种是输入后还未审核或审核未通过的凭证。对于未经过"审核"功能操作的错误记账凭证，可以由凭证填制操作员，直接进行修改并保存。

第二种是已通过审核但未记账的凭证。对于已"审核"但未"记账"的错误记账凭证，不能直接在记账凭证上进行修改，而应首先由审核操作员在"总账系统"／"凭证"／"审核凭证"功能窗口中，进行"取消审核"（也称为"反审核"）操作后退出；然后由填制凭证操作员进入总账系统，在"填制凭证"功能中，调出该张错误凭证进行修改，修改完成后保存退出；最后由审核操作员再次进入总账系统，在"总账系统"／"凭证"／"审核凭证"功能窗口中，重新对该张已修改过的凭证进行"审核"操作。

第三种是已记账但未结账的凭证。对于此情况，欲实现无痕迹修改，可利用系统提供的"反记账、反审核"功能，即取消"记账"、"审核"后直接修改。具体而言，首先在"总账系统"窗口中，单击"期末"／"对账"菜单项，打开"对账"操作窗口，此时按下快捷键"Ctrl + H"键，即可激活"恢复记账前状态"功能，然后退出"对账"窗口；单击"凭证"／"恢复记账前状态"菜单项（此功能平时不显示，待退出"总账系统"后将隐蔽而不显示出来），弹出"恢复记账前状态"操作窗口，在"恢复方式"中选择"月初状态"项，输入主管口令，然后单击"确定"按钮，系统将恢复为记账前状态；最后，按照上述第二种凭证的方法，调用错误凭证进行修改，再进行"审核凭证"和"记账"功能的操作。

第四种是已结账的凭证。对于这种情况，可利用系统提供的"反记账、反审核"功能，在"结账"向导一的选择月份窗口中，首先单击要取消结账的月份，然后按"Ctrl + Shift + F6"键，系统弹出"确认口令"窗口，让拥有结转权限的用户，在该窗口中输入口令，然后单击"确认"按钮，系统将快速地取消结账操作，使各种账簿记录恢复到未结账前的状态。最后按上述第三种凭证的方法，调用错误凭证进行修改，再进行"审核凭证"、"记账"和"结账"功能的操作。

以上四种情况下的错误记账凭证，虽然按照财务软件提供的功能（特别是"反审核、反记账、反结账"功能）可以做到无痕迹修改，但是根据现行会计（会计电算化）法规制度，只有第一种情况下的直接修改法具有合法性，而后三种情况下的无痕迹修改，有以下弊端：

①与现行会计（会计电算化）法规相违背《会计核算软件基本功能规范》。（以下简称"规范"）第17、第18条的规定："会计核算软件应当提供对已经输入但未登账记账凭证的审核功能，审核通过后即不能再提供对机内凭证的修改。……发现已经输入并审核通过或者登账的记账凭证有错误的，可以采用红字凭证冲销法或者补充登记法进行更正；记账凭证输入时，红字可用'-'号或者其他标记表示。"国家统一的会计制度中也有类似的规定。

②"反审核、反记账、反结账"为做假账、提供虚假会计信息等经济违法犯罪行为提供了技术支持。由于"反审核、反记账、反结账"功能的使用，使得会计电算化人员为同一单位做几套账、编制几套会计报表变得轻而易举，为他们利用电算化会计信息系统作弊提供了极为方便的手段。以前手工账由各人分别编制凭证、登记账簿，如果发生会计造假，通过墨迹或笔迹可以较容易地识别和鉴定。而目前大多数财务软件对更改的会计事项没有提供完整的、真正意义上的有痕迹的记录，有的也只是在操作日志中记录了何人何时使用过这些逆向操作功能，至于更正和补充了何种会计事项，其目的和来龙去脉则无从得知。这样就给会计、审计监督工作和防范违法犯罪行为增加了技术难度。

③"反审核、反记账、反结账"可能导致系统数据错误，账务混乱。在使用"反审核、反记账、反结账"功能时，由于会计电算化人员业务水平及对软件功能理解的偏差，特别是在运用跨年度反结账功能时，不同年份会计科目体系可能发生了变化，如果操作有误，很可能产生系统数据错误、财务混乱，甚至导致整个账务系统的瘫痪，造成严重的损失。

通过以上分析，第二种情况下对错误凭证进行无痕迹修改，虽然存在前述弊端，但从数据库技术角度看，"取消审核"完全是在一个凭证数据库中操作，即将库中"审核"字段的值清空，再对该库其他相关字段的值进行修改。这和"反记账、反结账"操作有本质区别，"反记账、反结账"操作往往涉及两个或两个以上数据库的操作，在这个过程中容易导致账务数据的混乱或系统的崩溃。因此，前述第二种情况下的错误凭证采用无痕迹修改方法是可行的，而第三、四种情况下的错误凭证不能利用账务系统提供的"反记账、反结账"功能，而应采用有痕迹修改方法。

(2) 错误凭证的"有痕迹"修改。

所谓有痕迹，即留下曾经修改的线索和痕迹，账务系统中往往是通过保留错误凭证和更正凭证的方式留下修改痕迹的。正如前面所述，在账务系统中对已"记账"，不管是否"结账"的错误凭证，按照"规范"第18条规定可采用"红字凭证冲销法或者补充凭证法"。

在"记账"后发现记账凭证中会计科目、发生额或其他事项有误，可采用红字凭证冲销法。方法是首先由填制凭证操作员填制一张与该账错误凭证除金额为红字（负数）金额外，其他内容完全一致的红字凭证，如：用友总账系统在"填制凭证"操作窗口中，单击"制单"/"冲销凭证"菜单项，打开"冲销凭证"操作窗口，输入相关信息，单击"确定"按钮，系统将自动制作一张红字冲销凭证；再填制一张正确的记账凭证。其次由审核操作员进行"审核凭证"操作。然后由记账操作员通过"记账"功能进行"记账"操作，才能完成对该张错误凭证进行冲销和更正。如果记账凭证中会计科目无误，只是所记金额大于应记金额，这时可用红字凭证冲销法冲销其差额部分。

在"记账"后发现记账凭证中会计科目无误，只是所记金额小于应记金额，这时可用补充凭证法，将其差额部分填制一张记账凭证，然后由审核操作员进行"审核凭证"操作，由记账操作员进行"记账"操作即可。

参考书目

1. 雷雯雯编著：《初当出纳最常遇到的 188 个问题》，企业管理出版社，2007 年版。

2. 杨成贤编著：《跟我学当出纳》，经济科学出版社，2008 年版。

3. 胡晓轩编著：《出纳业务轻松过关》，企业管理出版社，2006 年版。

4. 王亚卓编著：《轻松学出纳》，江西人民出版社，2007 年版。

5. 何大安编著：《三天学会当出纳：图解版》，经济科学出版社，2008 年版。

6. 何大安编著：《出纳业务现学现用》，企业管理出版社，2006 年版。

7. 白媛媛编著：《出纳实务三天速成》，民主与建设出版社，2008 年版。

8. 莫桂莉编著：《当出纳不出错》，经济科学出版社，2007 年版。

9. 王春如编著：《第一次当出纳应知应会 320 问》，经济科学出版社 2007 年版。